Stephan Elsemann
Gaumenschmaus & Rachenputzer

Liebenswerte Kneipen, Cafés
und Restaurants

in Freiburg & drumherum

Alle Angaben der Adressen und Informationen wurden nach bestem Wissen und mit Sorgfalt erstellt. Verlag und Autor können jedoch keine Garantie für ihre Richtigkeit geben und übernehmen auch keine Haftung für etwaige Unstimmigkeiten.
Hinweise und Empfehlungen erheben keinen Anspruch auf Vollständigkeit.
Wenn Sie Ergänzungs- und Berichtigungsvorschläge haben, freuen wir uns über Ihre Hinweise.
Redaktionsschluss: August 2023.

Cover-Fotomotiv: Küchenschelle

© Fotos: Stephan Elsemann

© 2023. Rombach Verlag GmbH & Co. KG
1. Auflage. Alle Rechte vorbehalten

Satz: Stephan Elsemann
Herstellung: Rombach Druck- und Verlagshaus GmbH & Co. KG
Printed in Germany
ISBN 978-3-7930-9993-2

Stephan Elsemann

Gaumenschmaus & Rachenputzer

Liebenswerte Kneipen, Cafés
und Restaurants

in **Freiburg** & drumherum

rombach

Inhaltsverzeichnis

Mit Herz und Leidenschaft　9

Die Innenstadt　11

Tibet Gartencafé
Das verborgene Paradies　12
Lichtblick
Bei den Meistern des Machbaren　14
Weinschlösschen
Siesta in der Stadt　16
Strass Café
The Englishman's Corner　18
Sonderbar
Für Nachtschwärmer　20
Agora
Salon und Vinothek　22
Caffè Da Gianni
Die schöne Ecke　24
Good Morning Saigon!
Straßenküche im Bermuda-Dreieck　26
Café Inklusiv
Am lauschigen Platz hinter dem Münster　28
Café Graf Anton
Die Torten-Pilgerstätte　30
Sichelschmiede
Im Märchenwunderland　32
Tischlein deck dich
Das Märchen vom Café　34
Terragusto
Beim italienischen Bobbele　36
Afghan-Eck
Seit 37 Jahren am Zähringer Tor　38
Maracuja Vitaminbar
Sehen und gesehen werden untem Karlsklotz　40

Der Westen 43

Mohrentopf
Wunderküchlein & Wild Style Kitchen 44
Gasthaus zum Löwen
Die badische Basis im Westen 46
Freispiel
Analog entschleunigen 48
Fritz' Galerie
Kunst, Kneipe & Schwermetall 50
Joris & BioBrutzelBude
Bioküche & Imbissbude im Gewerbehof 52
Mirabeau
Zeitreisen in Drinks 54
Café Satz
Alles muss raus 56
Küchenschelle
Idyll bei den Laubenpiepern 58
Smak
Piroski nur hier, nur samstags 60
Anuras Elefant
Die Charme- und Preisoffensive 62

Der Süden 65

Scheinpflug
Feines Eis am Annaplatz 66
3-K-Café
Mit Ecken und Kanten 68
Flamingo
Des Punks neue rosa Federn 70
Café Goldener Affe
Sonntags immer 72

Dart-Stüble
Im Nirwana   74
Eiscafé Limette
Marrakesh mit zartem Schmelz   76

Der Osten   79

Bauerntafel auf St. Barbara
Tafeln im Grünen   80
Bergäcker Café
Kuchen wie von der Oma   82
Café Ruef
Im Naherholungsgebiet   84
Ouzeria
Hellas light   86
Biosk
Im Herz von Freiburg-Ost   88
Pizzeria San Marino
Gutbürgerlich italienisch in Littenweiler   90

Der Norden   93

Restaurant Rose
Mit dem Sound der Garküchen   94
Zähringer Burg
Die Schnitzelinstitution   96
Pausenraum
Siesta in der Hängematte   98
Amici
Das Händchen Gottes   100
Bahnhöfle
Frankreich ganz nah   102
La Finca
Herderns Spanier   104
Rettich Bar
Esse', trinke', fröhlich winke'…   106

Norso
Ein Kaffeehaus im alten Papier Wilhelm 108
Tante Emma
Viel Herz im Droschkencafé 110

Kleine Fluchten 113

Mosthof
Das Schwarzwaldidyll 114
Landgasthof Zur Krone
Aufgeweckt & eingeweckt in Britzingen 116
Waldcafé Faller
Digital Detox im Attental 118
Badischer Heldt
Dorfgasthaus am Bach 120
Wuspenhof
Im Glottertal – Schwarzwald ohne Schminke 122
Coffee and More
Röstfrisch in Staufen 124
Gasthaus zum Rössle
An der rauschenden Möhlin 126
Café Goldene Krone
Das Vorzeigeprojekt der Landfrauen 128
Gasthaus zum Hirschen
Juwel im Kirschblütental 130
Landhotel Krone
Die gute Mischung macht's 132
Auberge du Moulin
Feinschmeckerküche im Landgasthof 134
Schweighof
Der Schwarzwald von seiner besten Seite 136
Au Bord du Rhin
Der gut versteckte Schlemmertempel 138
Am Felsenkeller
Feine Küche im Berg 140

Inhaltsverzeichnis nach Themen 142
Alphabetisches Inhaltsverzeichnis 143

Mit Herz und Leidenschaft

„Gaumenschmaus & Rachenputzer" – acht verflixte Jahre später. Wie steht es um die Freiburger Gastlichkeit nach den schwierigen Coronajahren? Der Kompass zu außergewöhnlichen Freiburger Restaurants, Kneipen und Cafés stellt 60 Locations vor, darunter 32 neue.

Viele der schillerndsten Lokale der ersten Ausgabe sind während der Coronajahre verschwunden. Einige sind neu hinzugekommen, mit frischen Ideen, die zum Teil aus der Beschränkung geboren wurden. Die Wiederentdeckung des Einmachens gehört dazu. Die Ausweitung der Bewirtung auf die Straße ebenfalls.

Für den Gaumenschmaus stehen Lokale, die Genuss versprechen, mit einer ganz besonders guten Küche oder ungewöhnlichen Gerichten, die man nirgendwo anders bekommt. Es sind Cafés und Kneipen mit Charisma und Ambiente – abseits des allzu Gewohnten. Dort treffen Abiturienten auf Rentner zum Dart spielen, oder genießen die Gäste den politisierten Apfelkuchen zum Kaffee.

Der Rachenputzer ist ein Schnaps, der scharf und rau durch die Kehle rinnt. Dies beleuchtet die andere, die charaktervolle Seite der Auswahl. Es sind Menschen mit einer Lebensgeschichte, die in diesen besonderen, liebenswerten Lokalen wirken, Wirtinnen und Wirte mit Persönlichkeit und Leidenschaft, ob am Tresen oder in der Küche.

Wie schon beim letzten Mal fiel die Auswahl nicht leicht. Es sollte ein Buch über Freiburgs Gastronomie sein. Doch in Freiburg schaut man gern vor die Tore der Stadt und so gehört ein Kapitel mit „kleinen Fluchten" dazu – mit Gaststätten in der Umgebung, die gut zu erreichen sind und sich für einen spontanen Besuch eignen.

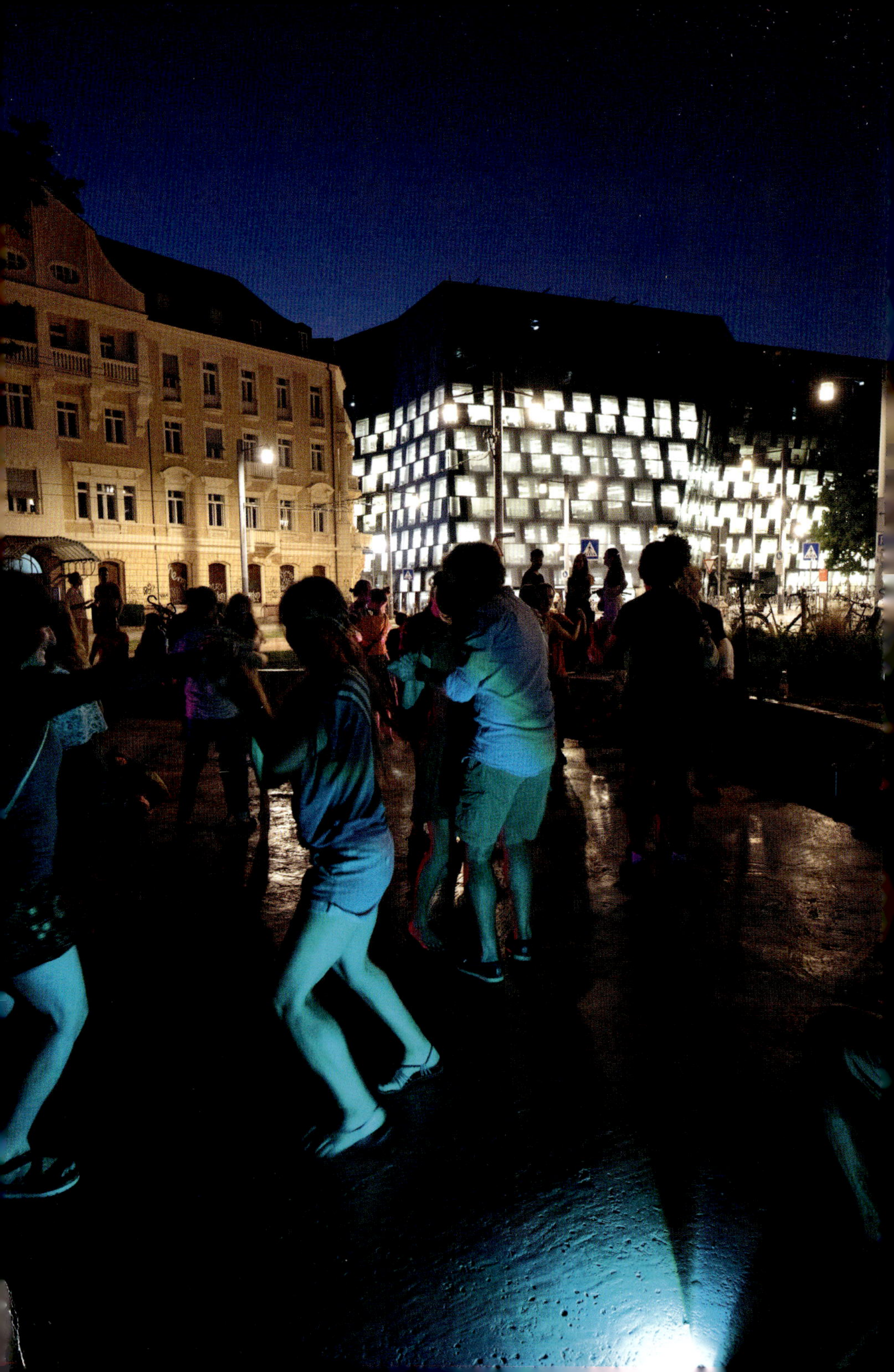

Die Innenstadt

Der Tanzbrunnen. Sobald es etwas wärmer wird, trifft sich die lateinamerikanische Tanzszene allabendlich zu Salsa, Tango und Merengue in dem schon lange versiegten Springbrunnen am Mensagarten. Wie schön, dass sich immer noch Nischen auftun, damit Menschen ihrer Lebensfreude Ausdruck geben können. Die Freiburger Innenstadt lebt.

Tibet Gartencafé
Das verborgene Paradies

So etwas hat Freiburg noch nicht gesehen. Wer immer das Tibet Gartencafé betritt, ist erstmal baff. Wie konnte dieser zauberhafte Garten mitten in Freiburg entstehen, ohne dass man etwas mitbekommen hat? Fünf Jahre schon mit Cafébetrieb, und

Anfang. Pfeffer selbst, früher Biologielehrer, legte in den folgenden Jahren am ehemaligen Abhang hinunter immer mehr Terrassen und kleine Nischen an – und setzte die Pflanzen.

Kirschen, Rosen und Mimosen
So nahm der Garten nach und nach Gestalt an, bepflanzt mit englischen Rosen, Kirschen, Pfirsichen, einem Mimosenbaum und noch viel, viel mehr. Zwölf Jahre dauerte es. Die kleinen, mit meist nur einem Tisch besetzten Nischen gewähren den Gästen Ruhe und Intimität – zum Sitzen, Tee trinken, Zeit vergessen, zur Ruhe kommen.

Eigentlich stand der Garten schon einige Jahre Besuchern zum Verweilen offen, bevor er 2018 auch offiziell Gartencafé wurde. Christina Kyle kümmert sich um die Bewirtung und versorgt die staunenden Gäste mit Tee und auch etwas Gebäck. Kaffee und einen sehr erfrischenden Mango-Lassi bekommt man ebenfalls. Von den

Mango-Lassi, Apfelkuchen

noch immer ein Geheimtipp. Hinter dem ockerfarben gestrichenen Haus in der Wallstraße öffnet sich ein tropisch-üppiges Gartenreich, das über Terrassen bis zur Sohle des ehemaligen Wallgrabens abfällt. Warum die Wallstraße so heißt, wird plötzlich klar.

Doch wie kam es zum Garten? Es ist das Werk Wilfried Pfeffers, Spiritus Rector des tibetischen Kultur- und Therapiezentrums im Haus. Der Garten nahm 2005 mit dem Aufbau eines Stupas, der 2007 vom Dalai Lama persönlich geweiht wurde, seinen

Christina Kyle & Wilfried Pfeffer

Eintauchen ins Grüne – und die Zeit vergessen

veganen Samosas, auf die sie sehr stolz ist, bekamen wir allerdings nichts zu sehen und zu schmecken. Sie sind so beliebt, dass sie schon ausverkauft waren.

Willkommen im Club
Die Preise sind zivil: Kuchen kostet 2,50 Euro, die Samosas 3 Euro. Die meisten Getränke wie Holunderbütenschorle, Kokoslimonade oder Mango-Lassi kosten auch 2,50 Euro.

Bei allem paradiesischen Fluidum – eine kleine Einschränkung gibt es leider doch: In der Wallstraße darf aus gesetzlichen Gründen kein gastronomischer Betrieb geführt werden – und so müssen die Gäste zuerst Gartencafé-Clubmitglied werden, um in Genuss von Kaffee und Kuchen zu kommen.

10 Euro kostet der Beitrag im Jahr – eine Pay-Wall fürs Wallstraßen-Gartencafé.

Tibet Gartencafé

Wallstraße 8
79098 Freiburg
0761-66814
www.tibet-kailash-haus.de

Mo bis Sa 12 – 18 Uhr
So Ruhetag

INNENSTADT

Lichtblick
Bei den Meistern des Machbaren

Mit dem Lichtblick finden wir ein Restaurant vor, das genau so ist, wie es heißt: ein Lichtblick. Udo Groß und sein langjähriger Küchenchef Uli Hoch kochen in Freiburgs Flaniergasse Konviktstraße modern und leicht – ausgezeichnete Gerichte, die Maßstäbe setzen zu freundlichen Konditionen. Ein vegetarisches Mittagsmenü für 15,50 Euro besteht aus einem Hauptgang, einer Suppe oder einem Salat als Vorspeise und der Kaffee danach ist auch schon dabei. Drei verschiedene Menüs stehen mittags zur Wahl. 16,50 Euro kostet die Fleischversion und 17,50 Euro das Fischmenü.

Täglich wechseln die Mittagsmenüs und die Bandbreite ist groß. Das Fischgericht etwa kann ein Doradenfilet mit Ingwer-Zitronenbutter sein – wunderbar kross gebraten, ohne dabei trocken zu sein und perfekt mit den Cocktailtomaten abgestimmt – ein mediterranes Gericht.

Hauptgang im Lichtblick kann aber auch ein deutsches Traditionsgericht wie Königsberger Klopse in Kapernsauce sein. Das schmeckt dann so, wie ursprünglich gedacht und ganz anders, als gewohnt. Die Klöße sind, wie es sein soll, aus Kalbfleisch und nicht aus Schweinefleisch gemacht.

Ein Tipp für Suppenkasper
Ein Extra-Augenmerk verdienen die im Menüpreis eingeschlossenen und sehr sorgfältig gekochten „Vorneweg-Suppen" – eine Erbsensuppe mit Wasabi zum Beispiel. Den scharfen japanischen Meerrettich ahnt man nur. Er gibt dem vertrauten Erbsengeschmack aber einen kleinen Kick

Uli Hoch und Udo Groß machen eine Spitzenküche zum Freundschaftspreis.

Dorade mit Kohlrabi und Wirsing

Erdbeer und Rhabarber

ins Süße. Wäre der Wasabi nicht, allein schon mit ihrer Signalfarbe zeigt die Suppe, dass allzu Gewohntes auf den Prüfstand gestellt und neu interpretiert wird. Eine typische Wintersuppe kann zum Frühlingsboten werden und das ist auch kulinarisch zu verstehen.

Immer wieder stehen badische Klassiker wie Ochsenbrust, Schäufele oder Wurstsalat mittags auf dem Speiseplan. Aber auch Ossobuco, Polenta, Tandoori und Ratatouille – die Vielfalt zeigt, dass die beiden Köche über den badischen Tellerrand hinausgeschaut haben.

Den Weitblick und das Augenmaß fürs Machbare hat Udo Groß auf Lehr- und Wanderjahren in Holland, der Schweiz und England erworben. Uli Hoch hat sein Talent fürs Kochen aus der Gaststätte seiner Oma mitgebracht und den Sinn fürs Praktische aus langen Jahren als Schreiner.

Reservierung empfohlen
Das Restaurant hat so viele Freunde, dass eine Tischreservierung, auch mittags, dringend zu empfehlen ist. Oder man versucht es gleich auf dem Münsterplatz, im größeren „Heiliggeist Stüble", dem zweiten Restaurant von Udo Groß.

Lichtblick

Konviktstraße 41
79098 Freiburg
0761-29280940
www.lichtblick-freiburg.de

Mo bis Sa 11.30 – 14.45 & 18 – 22 Uhr
Feiertags 17 – 22 Uhr
So Ruhetag

INNENSTADT

Weinschlösschen
Siesta in der Stadt

Das Weinschlösschen liegt mitten in der Stadt und ist trotzdem ein verborgener Ort geblieben. In unmittelbarer Nachbarschaft zu Jazzhaus, Jos-Fritz-Café, Goethe-Institut und Konzerthaus lädt ein verborgener Garten zu beschaulicher Siesta ein – und kaum jemand kennt ihn. Von der blauen Brücke stadteinwärts fahren tausende Radfahrer täglich auf die prächtige Gründerzeitvilla zu – und ziemlich sicher daran vorbei. Ob's wohl an den wuchtigen alten Bäumen liegt? Oder an der Hecke, die das Grundstück umschließt und von der Außenwelt abschottet?

Dabei ist der Garten ideal gelegen, als Ausweichort im Sommer, wenn im Jos-Fritz-Café nebenan die Tische draußen alle besetzt sind. Oder auch, um anzustoßen, nach einem Examen oder zum Geburtstag. Wenige nur wissen, dass man hier auch einkehren kann. Es ist schon erstaunlich, wie es die Familie Schneider mit ihrer schönen Villa bis heute geschafft hat, an einer so exponierten und quirligen Stelle von Zuspruch weitgehend verschont zu bleiben. Dirk Schneider, der freundliche Inhaber, ist meist allein vor Ort und auch mit anderen Dingen als dem Ausschank von Getränken befasst. Er betreut die hauseigene Galerie und organisiert kulturelle Veranstaltungen, die häufig im Gewölbekeller stattfinden. Der vermutlich noch unbekannter geblieben ist als Haus und Galerie.

Die bessere Hälfte des Jazzhaus-Kellers
Das Jazzhaus neben dem Schlösschen kennt jeder, aber wer weiß schon, dass der Jazzhaus-Keller ursprünglich einmal viel größer war? Die etwas kleinere, aber wegen der höheren Decke womöglich sogar schönere Hälfte des ehemaligen Weinkellers liegt unter der Weinschlösschen-Villa. Sie wurde bei der Renovierung in den Jahren nach 1985 vom heutigen Jazzhaus-Keller abgeteilt und dient heute im

Fast unbekannt: der Schlösschen-Garten mitten in Freiburg

Dirk Schneider, der Schlossherr

Das Ensemble Aventure bei der Probe

Schlösschen als Konzert-, Tagungs- und Festraum. Eine ganze Reihe von Konzerten findet dort statt. Residenten sind unter anderem das renommierte Ensemble Aventure mit seinen Avantgarde-Konzerten. Man kann das Gewölbe aber auch für private Anlässe mieten.

Ein Glas Wein & mehr
Frische Markgräfler Weine sind im Ausschank für Gäste – und potenzielle Kunden der Weinhandlung. Denn nicht zuletzt kümmert sich Dirk Schneider auch darum. Ein Glas Gutedel bekommt man für 2,50 Euro. Ein Glas Winzersekt gibt es für 5,50 Euro, einen Espresso für 2 Euro, oder ein Wasser für 3 Euro.

Passend zum Wein hat Dirk Schneider in der Regel ein paar Kleinigkeiten zum Schnabulieren in seinem Kühlschrank. Das können mal Oliven sein, mal ein feiner Käse. Oder Salami. Oder Schinken. Man muss sich überraschen lassen und sollte nicht zögern, danach zu fragen.

Weinschlösschen

Wilhelmstraße 17a
79098 Freiburg
0761-34234
www.weinschloesschen-freiburg.de

Di bis Fr 14 – 19 Uhr
Sa 11 – 16 Uhr
So & Mo Ruhetage

INNENSTADT

Strass Café
The Englishman's Corner

Ist es ein Café, das auch Schmuck verkauft oder ein Schmuckgeschäft, in dem man auch einen Kaffee trinken kann? Das Strass Café will beides sein und fällt schon dadurch aus dem gewohnten Rahmen. Der gebürtige Engländer Martin Craven hat

Cappuccino mit Deko

seine Leidenschaft für den Glitzerschmuck zum Geschäft gemacht und verkauft ausschließlich Originalschmuck aus den USA der Jahre 1910 bis 1970. Bei den Namen Trifari, Schreiner oder Haskell werden Liebhaber hellhörig.

Wer dort einen Kaffee trinkt, begibt sich somit in eine Glitzerwelt aus glitzernden Steinen, die alle auch zu kaufen sind. Ganz billig ist es nicht, aber ab 30 Euro bekommt man schon etwas prächtig Funkelndes, um sich selbst oder andere zu beschenken. Gleichzeitig offerieren die großen Schaufenster einen Vorzugsplatz, um das Treiben auf Herrenstraße und Schusterstraße zu verfolgen. Viele Geschäftsleute und Angestellte verbringen ihre Mittagspause hier. Wer einmal da war, kommt immer wieder und zählt nach kurzer Zeit zur Stammkundschaft. Mit seiner Art, den Kaffee zu kredenzen, beweist Martin Craven kultivierten Geschmack und hat sich mit seiner aufmerksamen und zurückhaltenden Art eine treue Fangemeinde erobert.

Kein Kaffee ohne Sonnenfinsternis
Neben dem ganzen Glitzerschmuck ist der eigentliche Star des Strass Cafés aber die Faema E61, der Rolls Royce unter den Espressomaschinen. Das „E" im Namen steht für „Eclipse" und verweist auf die totale Sonnenfinsternis im Jahr 1961, dem Jahr der Erfindung des Wunderdings. Die Faema gestattete als erste Maschine, kontinuierlich bei 90 Grad Kaffee zu brühen.

Alle modernen Maschinen werden bis heute nach ihrem Vorbild gebaut. Martin Cravens schickes Exemplar stammt aus dem

Beliebter Platz: die Fensterbank

Mit britischem Understatement – Martin Craven

Jahr 1968. Da wundert es kaum, dass der stolze Besitzer auch größte Sorgfalt bei der Kaffeezubereitung walten lässt – einfach wunderschön ist die Milchschaumdekoration auf dem Cappuccino.

Kaffee und – fast immer – Kuchen
Der Espresso kostet 2 Euro, einen Cappuccino bekommt man für 3,20 Euro. Der exzellente Kaffee stammt von der kleinen Rösterei Montano aus Kalabrien. Bionade gibt es für 3 Euro, ein Glas Tee für 2 Euro. Meistens gibt es Kuchen, manchmal auch nicht, denn der ist schnell alle.

Es hat sicher damit zu tun, dass sich Martin Craven morgens auf dem Münsterplatz mit „Stefans" hymnisch verehrtem Käsekuchen eindeckt. Wenn noch was da ist, ist man mit 3,50 Euro dabei. Sonst trösten Butterbrezeln oder Croissants darüber hinweg.

Strass Café

Herrenstraße 44
79098 Freiburg
0761-32950

Mo bis Sa 9 – 17 Uhr

INNENSTADT

Sonderbar
Für Nachtschwärmer

Die schwule Szene hat ein Wohnzimmer und das ist die Sonderbar in der Salzstraße. Hier geht es so ausgelassen und entspannt zu, dass die Bar für Nachtschwärmer jeder Couleur ein feiner Treffpunkt für ein paar Drinks oder den Start in die Nacht ist. Der Besuch aus Berlin kommt gerade recht. Wolfgang und Ralf, zwei gestandene

Wolfgang Kohl – nostalgischer Blick zurück

Mannsbilder, sind seit Urzeiten im schwulen Leben zu Hause – eine angemessene Begleitung. Wolfgang, „die Kohlsche", wurde er damals genannt, hat Anfang der 80er ein paar Semester in Freiburg studiert. Er kennt die Sonderbar noch aus diesen Zeiten.

Korrekt oder Kaufhaus?
Für ihn und seine Freunde war die „alte Münz", wie sie damals hieß, die Bar der „Kaufhausschwulen" oder „Kommerzschwulen", wie man verächtlich die Hedonisten-Fraktion betitelte. Er selbst und seine Freunde gehörten damals zu den Korrekten, politisch Engagierten. Mit Schwulsein die Welt verändern – Orte dafür

waren das AZ und auch das Jos-Fritz-Café. Dazu gehörte Wichtiges wie die Gründung der AIDS-Hilfe in Freiburg. Dazu gehörte auch Skurriles, wie eine Selbsterfahrungsgruppe mit Peter Niehenke, dem notorischen Nacktjogger, die selbstverständlich nackig stattfand. Trotz alledem ging es bei den Politschwulen recht asexuell zu, was viele von ihnen dann doch gelegentlich in die „Alte Münz" trieb oder auch ins „Tiffanys", das heutige „Räng Teng Teng".

Nun sitzt Wolfgang mit leicht melancholischem Blick am Tresen der Sonderbar und Erinnerungen steigen hoch, wie langweilig es manchmal auch war. Lang ist das her.

Freunde treffen, Spaß haben
Die Sonderbar ist seit langem die einzige Schwulenbar in Freiburg. Da treffen wir Ruben, zarte 20, zusammen mit Andi, der schon ein wenig älter ist. Beide kommen aus Breisach und trudeln mehrmals die Woche ein, um Freunde zu treffen, was zu trinken, Spaß zu haben. Andi hat noch Mi-

Johnny, wenn du Geburtstag hast...

Philipp und Heinz

riam mitgebracht und Miriam noch einmal zwei Freundinnen. Die Sonderbar ist Familie, das finden auch Philipp und Heinz. Gemütlich und lustig geht es hier zu und der Service ist überaus aufmerksam.

Privat für alle
Privates und Öffentliches vermischen sich recht schnell. Mit Kuchen, Sekt und Freunden feiert Björn seinen Geburtstag und, weil es hier so eng ist, sind fast alle Gäste in Nullkommanix Teil der Party geworden.

Der Treibstoff
Fürstenberg Bier bekommt man für 2,40 (0,2l) und 3,60 Euro (0,4l). Einen Weißburgunder von Heger gibt's für 5,20 Euro (0,2l). Beliebt sind auch Caipis (7 Euro) und natürlich der hausgemachte „cremig-fruchtige" Apocalypse (1,50 Euro).

Sonderbar

Salzstraße 13
79098 Freiburg
0761-33930
www.sonderbar-freiburg.de

Mo bis Do 18 – 3 Uhr
Fr & Sa 18 – 5 Uhr
So 18 – 1 Uhr
            Raucherbar

INNENSTADT

Agora
Salon und Vinothek

Man merkt sofort, dass hier etwas anders ist. Der Türgong ist Kunst, der „Klöppelbass", ein Objekt von Peter Vogel. Die Vinothek von Lore, Wanda und Achim Frowein ist ein Ort für Lebensart – für Wein, für Süßes aus dem Backofen, für guten Kaffee – sogar für Zigarren. Achim Frowein erwarb das Haus in der Wilhelmstraße vor rund 15 Jahren, als er seine Arztpraxis in Buchheim aufgab, um sich ganz den leiblichen Genüssen zu widmen.

Ein Ort der Sinnenfreude
Ein idealer Platz, denn ein Ort der Freuden war das Haus schon zuvor: ein Bordell samt SM-Keller. Vor der Eröffnung der Vinothek war allerlei zu entsorgen, darunter Käfige, und noch Jahre später fanden sich erwartungsfroh gestimmte Kunden des Vorgängerunternehmens ein, die unbefriedigt wieder von dannen ziehen mussten – trotz dicker Zigarren und prachtvoller Schinken im Angebot.

Die Froweins haben sich liebevoll eingerichtet – zwischen Privatwohnung, Stehbar und Salon – mit einer offenen Küche im Hintergrund, mit Stehtischen für den schnellen Kaffee, mit einer Fensterbank, die zur Sitzbank gemacht wurde, und mit einer belebten Terrasse vor dem Haus – dies alles im Sinne der antiken Agora als Fest- und Versammlungsort. Der kleine Salon ist wie gemacht, um einen Nachmittag zu vertrödeln – mit der Lektüre von „Lettre", „Du" und einer Tageszeitung, die nach Laune eingekauft wird – mal taz, mal FAZ.

Ein Schrank und sein Geheimnis
Ein rätselhafter Wandschrank mit vielen kleinen Türen macht neugierig. „Claustrum" nennt ihn Achim Frowein – lateinisch für „Geschlossenes". Und klar, viele der Türen sind abgeschlossen. Was aber sind die Verschlusssachen? Die Form der Schließfächer deutet es an. Flaschen befinden sich dahinter. Für 10 Euro pro Se-

Kultivierte Genüsse

Das Claustrum

Achim Frowein

mester kann man ein Fach mieten und sein eigenes Fläschchen Portwein, Schnaps – oder was auch immer – dort parken. Wann immer es gelüstet, findet man sich ein, zum Tête-à-tête mit einem Gläschen aus der eigenen Flasche. Eine kuriose Idee, die Anklang findet, viele Fächer sind belegt.

Genuss ohne Reue
Wer es zurückhaltender angehen möchte: Viele der einfacheren Weine aus dem Verkauf sind preiswert auch glasweise zu probieren. 2,90 Euro zahlt man für ein Zehntel hervorragenden Gutedels, für ein Glas Elbling 3,50 Euro. Der Elbling ist eine uralte Traubensorte für einen einfachen, frischen Wein.

Auch beim Kaffee sind Lore und Achim Frowein kundenfreundlich. Für 2 Euro bekommt man hier einen richtig guten Espresso. Zum Kaffee gehört ein Stück Kuchen, und Lore Froweins Erzeugnisse sind Spitze und einen Umweg wert. Wer etwas Herzhaftes sucht, findet Sandwiches – ein Baguette mit Parmaschinken, Salami oder Käse etwa.

Agora

Wilhelmstraße 9
79098 Freiburg
0761-2169224
www.agora-freiburg.de

Di, Mi 11 – 20 Uhr
Do, Fr 11 – 21 Uhr
Sa 10.30 – 16 Uhr
So, Mo Ruhetage

INNENSTADT

Caffè Da Gianni
Die schöne Ecke

Es sieht so aus, als habe die verträumte Ecke in Freiburgs Altstadt nur darauf gewartet, dass ein Prinz wie Gianluigi Palma kommt, um sie als Ort der Gastlichkeit wachzuküssen. Es ist ein idealer Platz für

Jakob Rischau an der gläsernen Macchina

eine kleine Pause, an der Ecke zwischen Marienstraße und Adelhauser Straße gelegen, nach Tageszeit mal sonnig oder schattig. Er gewährt lange Blicke in die immer noch beschauliche Adelhauser Straße, und rechts hinüber zum Museum für neue Kunst und zur Insel.

Sonne, Eis und Mandelkekse
Eigentlich kann ein Wirt hier fast nichts falsch machen, um Erfolg zu haben. Es ist ein Ort, der von allein freundlich stimmt, so wie auch die Biscotti alla Mandorla, die Kaffee und Mittagspause versüßen. Sie stammen von einer sizilianischen Manufaktur, die nichts anderes macht, deshalb schmecken sie so gut.

Dazu passt der prima Kaffee – das ist in Freiburg nichts Besonderes mehr. Die Handhebelmaschine, mit der er zubereitet wird, allerdings schon, denn ihre Bedienung erfordert Fingerspitzengefühl. Sechs Jahre lang konnte Gianluigi Palma mit der klassischen und launischen Pavoni trainieren, denn so lange stand er mit seiner Kaffee-Ape zwei Mal wöchentlich auf dem Herdermer Wochenmarkt.

Der heute mit einer gläsern futuristischen Macchina immer noch handhebelverfertigte Kaffee stammt aus Brescia in der Lombardei. Die Rösterei Agus röstet mit Solartechnik.

Außer dem Kleingebäck und einem ganz arg süßen Eis sind auch Panini im Verköstigungsprogramm.

Gianluigi Palma

Wachgeküsst – die schöne Ecke am Museum für neue Kunst

Gastronomiepionier

Mit Giannis Café etablierte sich Gastronomie an einer Stelle in Freiburgs Altstadt, an der vorher keine war. Und bemerkenswert dabei ist, dass dies ganz ohne Proteste ablief. Wenige Jahre zuvor noch gingen die Wogen hoch und es schien ein Bollwerk gefallen, als am stillen Adelhauser Platz mit „Mas y Mas" das erste Lokal seine Tische zur Bewirtung aufstellte.

Immer noch gehört die Adelhauser Straße samt Marienstraße zu den ruhigeren Flecken in direkter Nachbarschaft zur betriebsamen Insel, der Fischerau und der Gerberau. Doch auch die letzten stillen Ecken der Altstadt beleben sich, das scheint nicht aufzuhalten zu sein.

Caffè Da Gianni

Marienstraße 13
79098 Freiburg
www.caffe-da-gianni.de

Mo bis Sa 9 – 17.30 Uhr
Sa 9 – 17 Uhr
Von März bis Oktober ab 8.30 Uhr geöffnet
So Ruhetag

INNENSTADT

Good Morning Saigon!
Straßenküche im Bermuda-Dreieck

Vor zehn Jahren eröffneten Linh Quan Vo und ihr Mann Van Thong Pham ihren Imbiss mitten im Bermuda-Dreieck, dem Freiburger Ausgehviertel. Vietnamesische Straßenküche anzubieten war schon lange ein Herzensprojekt von Van Thong

Linh Quan Vo – seit 1978 in Deutschland

Pham gewesen. Paradebespiel für Streetfood ist das Bánh-Mì (7,90 Euro), ein Sandwich, bestehend aus einem Baguette, gefüllt mit Spanferkel, Gurke, Koriander und etwas Chili. Unvergleichlich knusprig und dabei saftig schmeckt dieses Spanferkel. Wie die Kruste zustande kommt, geht auf ein altes Familienrezept zurück.

Vietnam + Frankreich = Bánh-Mì
Das Bánh-Mì spiegelt auch die Geschichte Vietnams, denn es geht auf die französische Kolonialzeit zurück. Die Franzosen brachten das Baguette nach Vietnam, das wurde von der vietnamesischen Straßenküche adaptiert und gehört nun fest zur vietnamesischen Küchenkultur als eigenwilliger und sehr schmackhafter kulinarischer Zwitter aus der Küche beider Länder.

Etwas Besonderes ist der erfrischende Sua Da, ein Eiskaffee (4,50 Euro). Er wird mit einer eigenen Apparatur am Tisch gefiltert, und läuft direkt in zuckersüße Kondensmilch hinein. Dann gießt man die Mixtur über Eiswürfel und kann das sommerliche Getränk genießen.

Beliebt und gut bekannt sind Sommerrollen (6,90 Euro), die üppige Nudelsuppe Pho (10,50 Euro) und Reisnudelgerichte (ab 10,50 Euro).

Abenteuerliche Flucht
Linh Quan Vo, ihr Mann und die ganze Familie leben schon lange in Deutschland. 1978 flohen sie aus Vietnam vor dem kommunistischen Regime. Dass ihr kleines Restaurant den Namen Saigon trägt, ist auch ein Bekenntnis zum alten Vietnam und zur Geschichte ihrer Familie als Geflüchtete.

Bánh-Mì und ein Eiskaffee Sua Da

Vietnamesische Straßenküche – ein Herzensprojekt der Familie Vo

„Boat People" nannte man die flüchtenden Vietnamesen seinerzeit und Linh Quan Vo weiß viele abenteuerliche und unvorstellbare Geschichten von ihrer Flucht zu erzählen. Ein Beispiel: Wie sie als kleines Mädchen das Steuerrad des Bootes gehalten hat, als die Familie auf der Flucht im Boot beschossen wurde.

Ihre Familie war die erste, die in Baden-Württemberg Aufnahme fand. In jenen Jahren bewies Deutschland schon einmal Willkommenskultur. Dabei hatten viele Vietnamesen seinerzeit Angst davor, in Deutschland Aufnahme zu finden, denn so, wie man es ihnen beigebracht hatte, lebten in Ostdeutschland Kommunisten, denen sie ja gerade entkommen waren, und im Westen Nazis, die Ausländer hassten.

Gut für die Familie, dass es nicht so war und sie Freiburgs Gastronomie mit ihren Gerichten bereichern können.

Good morning, Saigon

Löwenstraße 6
79098 Freiburg
0761-800090

täglich 11.30 – 22 Uhr

INNENSTADT

Café Inklusiv
Am lauschigen Platz hinter dem Münster

Das Café Inklusiv ist angekommen in Freiburg und erfreut sich besten Zuspruchs. Schon bei der Eröffnung vor zwei Jahren war damit zu rechnen, denn einen besseren Platz als direkt hinter dem Münster, in der historischen Freiburger Altstadt, wird man für ein Café kaum finden. Dort, wo sich vor allem zur Mittagszeit Büromenschen und Touristen, beide mit Appetit, über den Weg laufen, ist die Aufmerksamkeit für neue Stätten, die leibliches Wohl versprechen, garantiert.

Ein Schaufenster für Inklusion
Besonderes Lob verdient daher die Caritas in der Regie des Cafés, weil sie nicht allein auf die Nachbarschaft des Münsters und den schönen baumbestandenen Platz gesetzt hat, sondern ein ehrgeiziges und hochqualifiziertes Küchenteam engagierte. Zudem wird hier Menschen mit Behinderung eine Gelegenheit gegeben, den Arbeitsalltag in der Gastronomie kennenzulernen.

Mittagstisch mit Klasse
Hohe Ansprüche – und wie sich zeigte, kann es gelingen. Dafür sorgt die Küche und ihre drei Köchinnen. Josefine Jegal, die vor Jahren mit ihrem Restaurant Chezfine Furore machte, ist die Bekannteste. Ihre Handschrift bemerkt man am täglich wechselnden saisonal ausgerichteten Mittagstisch, der klassische Gerichte mit mediterranen Einflüssen zusammmenbringt, wie ein ausgezeichnetes, zartes Rinderragout mit kurz blanchiertem, knackigen Wirsing, begleitet von tomatigen italienischen Penne (10,80 Euro).

Das Meiste auf der angenehm kleinen Karte ist vegetarisch, wie eines der beiden Mittagsgerichte (8,70 Euro) und auch die

Mireille Kolbinger und ihr Kastanientörtchen

Kartoffeltörtchen mit Rahmspinat

Christine Ludin & Thomas Gröninger – an ihrem Arbeitsplatz, einem der schönsten in Freiburg

Gemüsequiche (5,50 Euro), für die Mireille Kolbinger verantwortlich zeichnet, genau wie für die Kuchen. Ihr Talent für die Zuckerbäckerei kam zufällig ans Licht – gut so: denn ihre eigenen Schöpfungen, wie zum Herbst ein Kastanientörtchen, sind allererste Sahne, häufig sogar im Wortsinne.

Mireille Kolbinger und Rai Stecher, die dritte Köchin im Bunde, bringen Erfahrung und Ruhe ins Café der quirligen Altstadt, denn sie arbeiten schon seit zehn Jahren unter Menschen mit Behinderung, in der Villa Artis in Heitersheim, einem sonntags geöffneten Café, gleichfalls unter der Leitung von Antoinette Majewski, die ihre Freiburger Crew mehrere Monate lang am Wirkungsort in der Herrenstraße trainierte.

Wie die strahlenden Gesichter von Christine Ludin und Thomas Gröninger beweisen, mit großem Erfolg.

Café Inklusiv

Herrenstraße 33
79098 Freiburg
0761-79034630
www.cafe-inklusiv-freiburg.de

Mi bis Sa 11 – 18 Uhr
So, Mo, Di Ruhetage

INNENSTADT

Café Graf Anton
Die Torten-Pilgerstätte

Haustorte wird sie genannt im Café Graf Anton. Nur hier im „Colombi-Café", wie es in Freiburg genannt wird, ist die Saint-Honoré-Torte zu genießen, züchtig serviert im Holzton-Ambiente des Edelcafés – oder zum Mitnehmen für die heimische Kaffeetafel. Die Saint-Honoré selbst ist alles andere als züchtig, mehr dralle Tortendekadenz geht nicht: Sahne, Milch, Eier, Zucker und noch einmal Schlagsahne sind die Glücklichmacher.

Stabilisierendes wie Früchte oder Bisquiteinlagen? Würde nur ablenken. Gnädig zugedeckt wird die schaumige Pracht mit Karamell und nur mühsam zusammengehalten durch Brandteigmakronen außenherum, die ihrerseits schon wieder mit dicker Vanillecreme gefüllt sind. Auch serviert auf dem Teller schert sich eine Saint-Honoré wenig darum, in Form zu bleiben, was den formbewussten unter den Tortenfreunden zu denken geben könnte. Maßhalten wäre hier aber die falsche Strategie, dazu ist sie einfach zu verführerisch, wie alles andere auch, was die Colombi-Patisserie an Torten und Kuchen produziert.

Tipps des Tortenmeisters
Für den Nachschub ist seit 18 Jahren der gebürtige Straßburger Philippe Ott verantwortlich, als einer von drei Konditoren. Was das Geheimnis der Saint-Honoré ist? „Echte Vanille aus Vanillestangen", die mit der Milch gekocht werden, und „dass die Sahne vor dem Schlagen schön kalt ist".

Mindestens 20 verschiedene Torten warten auf die Schleckermäuler in der Auslage, darunter Obsttorten in mannigfachen Variationen, Käsekuchen mit Aprikose und ohne, Orangencremetarte, Pistazienbuttercreme, Schokosahne-Birne, die

Philippe Ott – Meister der süßen Massen

Tortenglück auf der Terrasse

Exklusiv im Colombi-Café: Die Saint-Honoré. Mehr Torte geht nicht.

Schwarzwälder Kirschtorte – und natürlich die Saint-Honoré. Mit einer freundlichen Engelsgeduld erklären Angelika Sie und ihre Kolleginnen der Kundschaft Details wie Buttercreme, Bisquit, Baiserteige.

Sonntags „vorm Colombi"

Kuchen und Torten „vom Colombi" sind zum Mitnehmen nicht einmal besonders teuer, das wissen viele nicht, sonst wäre sonntagnachmittags die Schlange an der Verkaufstheke vermutlich noch länger: Obstkuchen 3,80 Euro, Sahnetorten 4 Euro, Cremetorten 4,20 Euro.

Auch auf der Terrasse macht das Stückchen Torte viel Freude, umso mehr, seitdem der Rotteckring fertig ist und sich vielleicht doch irgendwann zu einer Flaniermeile mausert. Seit neuestem trägt der Feierabend-Markt am Colombischlösschen gegenüber gelegentlich dazu bei.

Café Graf Anton

Rotteckring 16
79098 Freiburg
0761-2106213
www.colombi.de

Mo bis Sa 9 – 18 Uhr
So 10 – 18 Uhr

INNENSTADT

Sichelschmiede
Im Märchenwunderland

Die Sichelschmiede auf der Insel mitten in der Altstadt ist ein Muss – nicht nur für Touristen. Gerdi Stark, die langjährige Wirtin verwandelte das mittelalterliche Haus in ein Märchenwunderland.

Dog's Life

Es war tatsächlich noch eine Schmiede, die Gerdi Stark 1976 zusammen mit ihrem Lebensgefährten übernahm, und zu einem Gasthaus umbauen ließ. Der alte Amboss und die Schmiedewerkzeuge an der Wand zeugen davon. Das Haus auf der Insel ist aus dem Jahre 1460, vermutlich sogar älter. Es ist ein verwinkeltes Hexenhäuschen. Überall geht es treppauf, treppab, tun sich Nischen, Ecken und weitere Räume auf. In unvergleichlicher Art bereicherte Gerdi Stark das Haus um allerlei Zierrat aus Gehäkeltem und Gebasteltem, Porzellan, Puppen und kleinen Bildern.

Der Tipp zum Besuch der Sichelschmiede kam von einer Freundin aus Brasilien – kein Zufall. Denn das bunte Ambiente erfüllt die Erwartungen von Touristen aufs Beste. Gäste aus China und den U.S.A. fühlen sich dem Vernehmen nach besonders wohl in dieser Puppenstube.

Alles so schön bunt hier
Die Sichelschmiede ist ein einzigartiges Gesamtkunstwerk, ein Märchenpark zwischen Romantik, Kitsch, Bäuerlichem und Sakralem. Man begibt sich in eine pralle Farben- und Formenvielfalt und setzt sich Sinneseindrücken aus, wie sie immer wieder von den Konsumenten halluzinogener Narkotika beschrieben werden – und das ganz nüchtern.

Dass so etwas Touristen Spaß macht, die auf der Suche nach einem bestimmten Deutschlandbild sind, ist nachvollziehbar. Doch der Erlebnispark Sichelschmiede ist auch für Einheimische einen Besuch wert, ganz sicher, wenn Eltern und Freunde

Gerdi Stark, die ehemalige Wirtin

Im Philosophenstüble fällt Weihnachten und Ostern zusammen – such den Hasen!

zu Besuch kommen. Sogar übernachten kann man hier.

Speis und Trank
Gerdi Stark hat die Bewirtung schon vor einiger Zeit in andere Hände gelegt. Die Speisekarte verzeichnet wie gehabt Bodenständiges: Sauerbraten mit Spätzle kostet 20,90 Euro, Kässpätzle 13,60 Euro. Zwiebelrostbraten mit Brägele bekommt man für 24,90 Euro. Eine Maultaschensuppe kostet 7,40 Euro, ein Stück Apfelkuchen 4,60 Euro.

Ein Cappuccino kostet 4,60 Euro, ein kleines Ganter-Bier bekommt man für 3,60 Euro. Wer ein Viertel Spätburgunder (6,50 Euro) oder Gutedel (5,30 Euro) trinken möchte, ist hier gut aufgehoben.

Mehr Wirtshaus als Weinstube
Eine Weinkarte mit Flaschenweinen gibt es leider nicht. Eigentlich schade. Denn eine profilierte Weinstube mit badischer Ausrichtung könnte die Innenstadt noch gut gebrauchen.

Hotel & Restaurant Sichelschmiede

Insel 1
79098 Freiburg
0761-35037
www.sichelschmiede.de

täglich 12 – 23 Uhr
Küche bis 22 Uhr

Tischlein deck dich
Das Märchen vom Café

Monika Großmann und Nicola Hipp haben alle Hände voll zu tun. „Tischlein deck dich", das ist nicht bloß der Name des gut besuchten kleinen Ladens und Cafés in Freiburgs Sedanviertel, es wäre auch ein Zauberspruch, der bei der vielen Arbeit ein Wunder. Sie wurden liebevoll restauriert und durch viele, sorgsam ausgesuchte dekorative Stücke aus den 50er-Jahren ergänzt.

Einen Ort in der Nachbarschaft zu schaffen, für alles, was man so braucht, dieser Wunsch zog Monika Großmann mit 57 Jahren in die Selbstständigkeit: Und so gibt es im „Tischlein deck dich" Lebensmittel, Brot und Kuchen zu kaufen, so wie Milchprodukte, Getränke, aber auch Waschmittel, Shampoo und Batterien. Und Zigaretten. So wie früher in ihren Kindertagen.

Zwölf Tischlein für die Gäste

An einen Cafébetrieb hatte sie bei der Eröffnung nur am Rande gedacht. Es waren ihre vielen Kunden, die sich von der nostalgischen Stimmung verzaubern ließen und länger verweilen wollten. Aus einem einzigen Tischchen sind mittlerweile 12 geworden, sechs draußen und sechs drinnen, was zeigt, dass es sich bei Weckle und Kuchen sehr gut aushalten lässt, und weil

Nusskuchen aus Omas Rezeptbuch

helfen würde, wenn es im Leben wie im Märchen zuginge.

Märchenhaft allein sind aber schon die Einrichtung des Ladens und die Geschichte der Entstehung. Denn Monika Großmann und Tochter hatten vor gut acht Jahren den Tante-Emma-Laden ihrer Familie wiederbelebt, der an gleicher Stelle vor 60 Jahren schloss.

Als kleines Kind hatte sie das Geschäft ihrer Mutter noch in Betrieb erlebt. Teile der originalen Ausstattung wie Tresen und Regale überdauerten die vielen Zwischennutzer nach der Schließung, auch das ist

Einzeln aus dem Glas

Nicola Hipp und Monika Großmann

die Gäste gemerkt haben, dass deren Qualität mehr als nur anständig ist.

Von der Großmutter notiert
Monika Großmann und Nicola Hipp backen alles selbst, sogar Croissants und Laugenweckle, worauf sie besonders stolz sind. Genau so sehr, wie auf die leckeren Kuchen nach dem handgeschriebenen kleinen Rezeptbuch ihrer Großmutter.

Doch bei aller Liebe zur Tradition, Monika Großmann hat ihre Kundschaft im Blick und deshalb sind auch glutenfreie Weckle im Angebot – und vegane Kuchen, deren Rezepturen in längeren Versuchsreihen ebenfalls selbst entwickelt wurden. Wie könnte es anders sein.

Tischlein Deck Dich

Belfortstraße 26
79098 Freiburg
0761-37441

Mo bis Do 8 – 18.30 Uhr
Fr 8 – 14 Uhr
Sa 9 – 13 Uhr

Terragusto
Beim italienischen Bobbele

Terragusto – das ist ein Geschäft mit italienischen Spezialitäten. Vor allem aber ist es auch ein prima Stehcafé, was sich herumgesprochen hat, denn zur Mittagszeit, wenn die Angestellten der umliegenden Büros Pause machen, ist der kleine Laden proppenvoll. Das wird nicht zuletzt an dem von Julia und Nino Ebner perfekt zubereiteten Espresso liegen, der nur 1,50 Euro kostet.

Nino Ebner – Handballer wie seine Brüder

Espresso zum Kampfpreis
Der Kaffee stammt von der kleinen Rösterei Caffen aus Napoli. Es ist eine Bar-Mischung mit einem Robusta-Anteil von 20 Prozent. Wer sich veranlasst sieht, die Kaffeetüten gleich mit nach Hause zu nehmen, bekommt den Espresso beim Kauf auf den Preis angerechnet.

Die Freiburg-Italien-Connection
Die Geschichte der Ebner-Brüder Adriano, Claudio, Nino und Sandro ist vom Handball nicht zu trennen. Besonders Claudio und Adriano Ebner machten im Sport Furore und brachten es bis in die Nationalmannschaft – die italienische. Das klappte nur so gut, weil der italienische Verein etwas Ahnenforschung betrieb und so kam die ganze Familie Ebner zu italienischen Pässen.

Italien und seine Lebensart fanden so über den Sport wieder einen festen Platz in der Freiburger Familie. Nino Ebner spielt immer noch Handball und ist dem Sport auch als Trainer verbunden. Wegen der vielen Kontakte reifte die Idee für ein italienisches Spezialitätengeschäft.

Eine Fundgrube
So einiges im Terragusto lohnt einen genaueren Blick, das Olivenöl aus den kleinen, feinen Taggiasca-Oliven, eine sehr schmackhafte Limonade, oder die allseits beliebten Tartufi, die gerne zum Kaffee ge-

Urtümliche Schokolade aus Sizilien

Beliebter Mittagstreff in der Karlstraße

ordert werden – doch die urtümliche, sizilianische Schokolade toppt alles.

Schokolade auf sizilianische Art
Schokolade mit dem zarten Schmelz, wie wir sie kennen, ist erst seit gut 100 Jahren Ideal der Schokoladenproduktion. Conchieren, das endlose Rühren der geschmolzenen Kakaomasse wurde Ende des 19. Jahrhunderts in der Schweiz entwickelt, was ganz entscheidend zum Ruhm der Schweizer Schokolade beitrug.

Auf Sizilien blieb man jedoch bis heute bei der alten Herstellungsweise. Kakaobohnen werden zu einer groben Masse zermahlen, dann bei geringer Hitze geschmolzen und mit Kristallzucker vermischt. Beim Essen knirschen die Zuckerkristalle und die Schokolade bröselt. Es ist ein archaisches Vergnügen und ein charmantes Mitbringsel, weil die Tafeln sehr ansprechend verpackt sind.

Terragusto

Karlstraße 5
79104 Freiburg
0761-5195020
www.terragusto.de

Mo bis Sa 9 – 14.30 Uhr
So Ruhetag

NEUBURG

Afghan-Eck
Seit 37 Jahren am Zähringer Tor

Schon beim ersten Besuch fühlt man sich wie bei Freunden zum Essen eingeladen: Shahla und Aziz Hares begrüßen alle ihre vielen Stammgäste mit Namen und kennen auch deren Vorlieben. „Scharf?" oder

Shahla Hares

„nicht so scharf?" „Mit Knoblauchsauce – oder ohne?" Das sind Fragen, die eigentlich nur den Neuankömmlingen gestellt werden müssen. Seit 1986 betreibt die Familie Hares ihr Afghan-Eck schon. Der Name ist eine starke Untertreibung, denn der Stehimbiss wurde vor 22 Jahren zu einem richtigen Restaurant mit freundlichem Gastraum erweitert.

Quereinsteiger in der Küche
Aziz Hares kam mit einem Stipendium nach Deutschland und blieb, denn wenige Jahre zuvor waren die Russen in Afghanistan einmarschiert. In Deutschland durfte der Mathematiklehrer aber in seinem Beruf nicht weiterarbeiten, genauso wie seine Frau, die ihr Studium als Tierärztin zwar abgeschlossen hatte, doch erneut viele Semester zusätzlich hätte studieren müssen, um in Deutschland praktizieren zu können. So kam es zum Imbiss. Es sind nun 37 Jahre mit afghanischer Küche am Siegesdenkmal, und alle ihre zahlreichen Fans hoffen, dass uns die Familie Hares noch viele Jahre erhalten bleibt. Die nachhaltige Begeisterung verdankt das Afghan-Eck natürlich zuallererst seinen köstlichen Gerichten.

Viel Mühe für den Wohlgeschmack
Afghanisch kochen heißt früh aufstehen. Ab 8 Uhr morgens stehen die beiden in der Küche und bereiten sich auf den Ansturm der Gäste gegen Mittag vor. Wie man den überaus lockeren und aromatischen Reis zubereitet, ist ein Küchengeheimnis, das gerne verraten wird: Lange wässern, in Öl anbraten und mit Gewürzen, darunter

Aziz Hares

Auberginen, Safran-Reis, zartestes Lammfleisch – ihre Gäste lieben die Familie Hares dafür.

auch Safran, in Brühe garziehen lassen, ist die grob vereinfachte Version des Rezeptes.

Das Afghan-Eck ist die perfekte Wahl für den großen Hunger. Kabuli Palau – das ist der wunderbare Reis mit Karottenschnitzen und Safran – kostet je nach Ausstattung mit Fleisch und verschiedenen Gemüsen zwischen 9 und 10 Euro.

Die beliebten Bolani, eine Art gefüllte Pfannkuchen, kosten zwischen 9 und 10 Euro. Köstlich sind auch die anderen gefüllten Teigtaschen wie Aschak, I Khanom oder Mantu (9,50 Euro). Alle Gerichte gibt es auch ohne Fleisch. Bei den Getränken ist der Schwarztee mit Kardamom (2 Euro) der Renner.

Das Afghan-Eck ist auch ein Lebensmittelgeschäft. Man bekommt dort die meisten Zutaten für häusliche Versuche in afghanischer Küche: Verschiedene Sorten Basmati-Reis – und nicht zuletzt den ausgezeichneten Safran.

Afghan-Eck

Habsburgerstraße 133a
79104 Freiburg

Mo bis Sa 11.30 – 19 Uhr
So Ruhetag

Maracuja Vitaminbar
Sehen und gesehen werden unterm Karlsklotz

Die Maracuja Vitaminbar ist ein bunter Farbfleck an einem unwirtlichen Ort – im Karlsbau, einem wuchtigen Gebäude, das bei den Einheimischen nur „Karlsklotz" ge-

Farbenfrohes für die Touristen aus Mexiko

nannt wird. Der Karlsbau bildet den nördlichen Abschluss der Freiburger Altstadt. Er wurde in den 60er Jahren im Stil des Brutalismus realisiert, dessen spröder Charme erst in den letzten Jahren wieder neu entdeckt wurde.

Gemütlich unterm Karlklotz
Brutalbeton und Puppenstube stoßen hier, nur wenige Schritte vom Münsterplatz direkt aufeinander, so wie in der Maracuja Vitaminbar die unterschiedlichsten Menschen aufeinandertreffen.

Darunter sind Polizisten, die zu einem Joghurt-Müsli kommen, Büromenschen von nördlich des Stadtrings, die ihre Mittagspause mit Zeitung und Kaffee hier verbringen, um den Büromief zu vertreiben und sich draußen die frische Luft um die Nase wehen zu lassen.

Sonnenstrahlen im Winter
Auch im Winter sitzt man hier gern draußen, denn die spärliche Wintersonne findet zielsicher die kleine Terrasse zwischen den Häusern. Außerdem gibt es hier immer was zu sehen, Touristen vor allem, die in Gruppen vom Busparkplatz herüberkommen, um in die Altstadt auszuschwärmen. Sie fallen stoßweise bei Ramazan Bulut ein, mit wenig Zeit und großen Ansprüchen.

So wie Ana Bobadilla mit ihrer Gruppe aus Mexiko – sie wurde durch die farbenfrohe Obstauslage angelockt. Es ist für sie ein bisschen wie zu Hause und sie lässt sich

Ramazan Bulut

Bunter Fleck unter massigem Beton

einen der ausgezeichneten Säfte mixen. Ganz Europa in 20 Tagen steht auf ihrem Reiseplan, morgens noch in Heidelberg, abends schon in Zürich.

Erstkontakt am Karlsplatz
Der Maracuja Kiosk ist für die Bustouristen eine Visitenkarte Freiburgs, denn nicht selten ist Ramazan Bulut der erste Freiburger, mit dem sie in Kontakt kommen. Hier bekommt man etwas zu trinken und Souvenirs für zu Hause. Weine zum Beispiel, sie stammen ausschließlich vom Staatsweingut Freiburg, wegen des Freiburger Wappens, das auf den Flaschen prangt und sie hervorragend als Mitbringsel qualifiziert.

Maracuja Vitaminbar

Auf der Zinnen 1
79098 Freiburg

Mo bis Sa 8 – 20 Uhr
So 8 – 18 Uhr

INNENSTADT

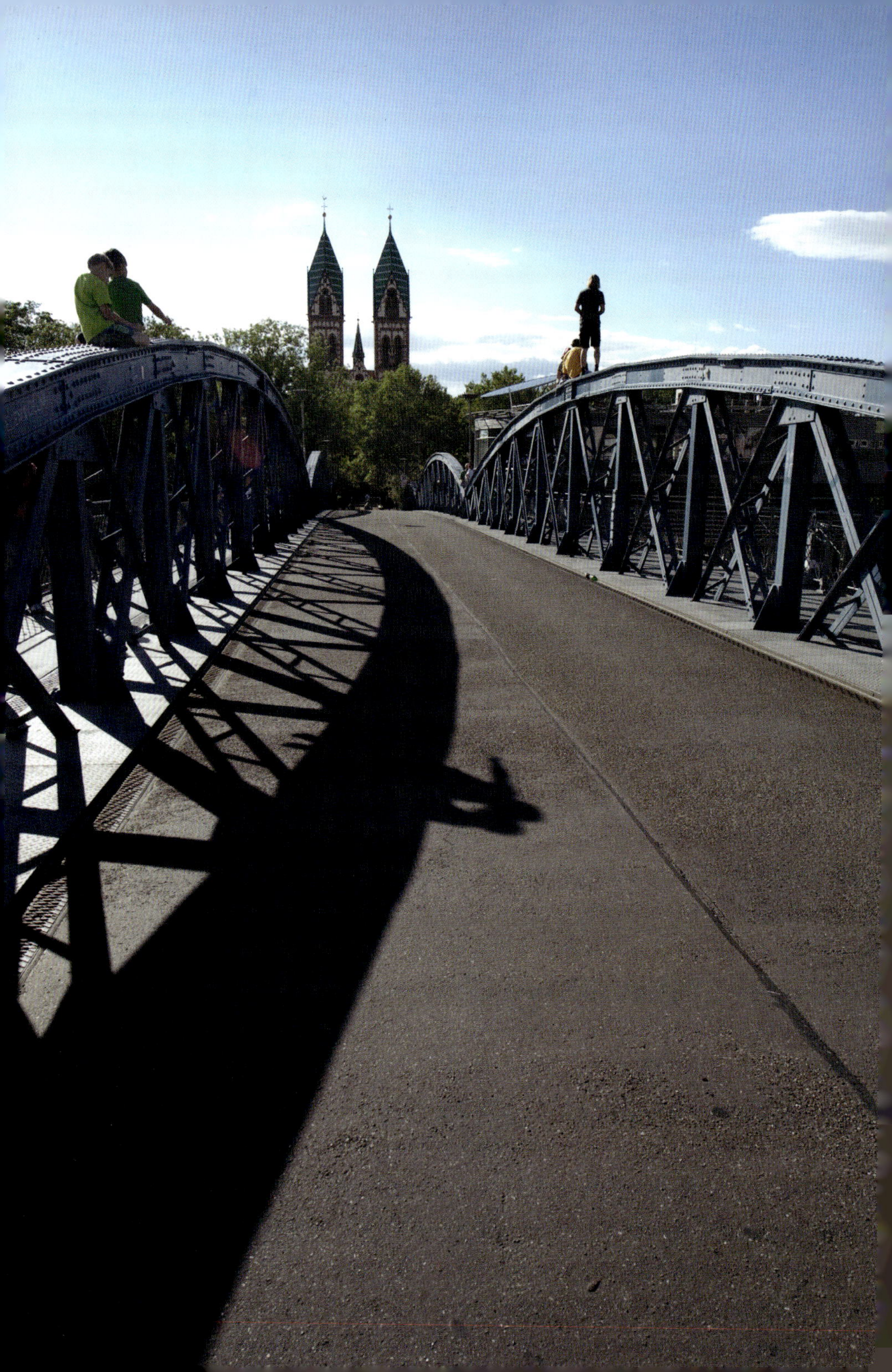

Der Westen

Die blaue Brücke ist das Ausfalltor nach Westen. Bis zu 10 000 Radfahrer passieren die Wiwili-Brücke, wie sie offiziell heißt, täglich. Gleichzeitig ist sie ein Ort von Sehnsucht und Romantik, um den Sonnenuntergang zu genießen und dabei den Zügen hinterherzuschauen.

Der Freiburger Westen ist groß und weit. Weil im Osten die Berge im Weg stehen, kann sich die Stadt nur nach Westen ausdehnen. Von der blauen Brücke gelangt man in den Stühlinger, ein beliebtes kleinteiliges Wohnviertel mit vielen Kneipen und Restaurants. In südwestlicher Richtung schließt sich Haslach an, das alte Arbeiterviertel, das gerade wieder neu entdeckt wird. Noch weiter westlich liegen Weingarten und das Rieselfeld, der jüngste Stadtteil Freiburgs. Fährt man von der Brücke aus in nordwestlicher Richtung, gelangt man nach Betzenhausen mit dem Seepark und noch weiter westlich davon nach Lehen, ein ehemaliges Dorf.

Mohrentopf
Wunderküchlein & Wild Style Kitchen

Sonntagvormittag halb elf, der Mohrentopf öffnet und alles ist schon belegt. Vorn zur Straße ist das Café unübersehbar unterm Tankendach installiert, drinnen mit alten Sesseln ausgestattet und auch draußen sehr gemütlich mit vielen Pflanzen dekoriert. Von Anfang an war der Mohrentopf ein großer Erfolg, der nun zehn Jahre anhält – und dafür gibt es gute Gründe.

Dass Alexandra Elatré den Beruf ihres Lebens gefunden hat, merkt jeder sofort, der nur ein paar Minuten mit ihr redet. Sie gründete den Mohrentopf zusammen mit ihrem Freund Aldo Russo, um ihrer Leidenschaft fürs Kuchenbacken nachzugehen. Das heutige Café war zuerst Alex' Produktionsstätte für große Hochzeitstorten. Was bestellt war, lieferte Aldo frühmorgens mit dem Fahrrad aus, bevor er seinem Hauptberuf als Postbote nachging.

Das ist Geschichte, leider auch die prächtigen Tortenkunstwerke. Inzwischen verfertigt Alex die kleinen Kuchen und Kekse nur noch fürs Café. Schön sind sie immer noch, die kleinen Törtchen mit Früchten: Pavlova, Dulcey, Framboise, Schoko-Macadamia – so klingen die verheißungsvollen Namen. Sie kosten 6,90 Euro und jeden Tag sind es andere.

Die Karibik-Schweiz-Connection
Alexandras Vater stammt aus Guadeloupe und kam als französischer Soldat nach Freiburg. Ihre Mutter ist Schweizerin und Alex' Begeisterung für Süßes weckte die Schweizer Oma. So ist ihr Gebäck optisch mit karibischer Fröhlichkeit gesegnet, beim Zuckereinsatz herrscht dagegen Schweizer Zurückhaltung. Dafür wird mit Butter wieder spendabel umgegangen und so schmecken ihre kleinen Kunstwerke herrlich buttrig.

Eine Pavlova in Mini

Alexandra Elatré

Das Aldo-Brot, eigentlich ein Mamma-Brot

Aldo Russo, Improvisator in leckeren Sachen

Mehr und mehr hat sich der Mohrentopf auch zu einer Stätte für Herzhaftes gewandelt, und dafür sind Aldo Russo und sein Waffeleisen zuständig. „Süß kann ich halt nix", sagt er mit Blick auf seine Freundin, „dafür probier ich gern aus".

Mit Neugier und Reiselust
So landeten auch Croissants im Waffeleisen und daraus bastelte er eine Art Burger mit eigenem Geschmack. Eine Kindheitserinnerung aus Brot in gebrutzelter Knoblauchbutter mit Ei in der Mitte, wurde zum Aldo-Brot (12,50 Euro). „Eigentlich müsste es Mamma-Brot heißen", lacht er.

Das wichtigste Erfolgsrezept: Die beiden achten auf sich und ihre Lebensqualität. Im Winter, stets ab Mitte Dezember, machen sie einfach zu, um gut zwei Monate zu reisen. Dabei erkunden sie andere Städte zu Fuß, um sich inspirieren zu lassen, zu neuen Törtchen und anderen Ideen. Was werden sie wohl uns mitbringen?

Mohrentopf

Haslacher Straße 41
79115 Freiburg
www.mohrentopf.com

Do, Fr 11 – 16 Uhr
Sa, So 10.30 – 16 Uhr

Mo, Di, Mi Ruhetage

Gasthaus zum Löwen
Die badische Basis im Westen

Bewegt man sich aus Freiburgs beschaulicher Innenstadt nach Westen durch bisweilen gar nicht mehr so anheimelnde Stadtteile, merkt man bei der Durchfahrt durch Lehen, dass man sich hier, in einem ehemaligen Dorf befindet, das von einer

Klemens Disch

wachsenden Großstadt eingeholt wurde. Dörflich sind hier die niedrigeren alten Häuser, die zum Teil schräg in die Straßenflucht gesetzt sind. Eines davon ist das Haus zum Löwen mit seiner eindrucksvollen Doppeltreppe hoch zur Gaststube.

Drinnen setzt sich dieser Eindruck fort. Dunkle Holztische, der Kachelofen, die Insignien badischer Gastlichkeit sind vorhanden. Seit drei Generationen ist der Löwen im Besitz der Familie Disch, bald sind es 120 Jahre. Und so trafen wir Klemens Disch, um zu sehen, wie er eine Kalbshaxe zubereitet.

Badische Küche aufs Beste
Die Kalbshaxe kommt mit einer mäßigen Backofentemperatur, und ab und zu mit dem Bratensaft übergossen, in einer überschaubaren Zeit von zwei Stunden zum Ziel, einem saftigen aromatischen Sonntagsbraten auf klassische Art. Der beeindruckt Familie und Gäste durch sein Äußeres und sein Duft lässt bei allen das Wasser im Munde zusammenlaufen.

Preisgekrönte Metzgerei im Haus
Die Haxe und das andere Fleisch stammt, wie seit je her vom Bruder Berthold Disch, der noch bis Januar in Hause eine bemerkenswerte Metzgerei betrieb. Denn bei ihm durfte das gesamte Fleisch am Knochen reifen, so wie es früher Standard war, bevor die Vakuumierung kam. „Dry-aged" heißt diese klassische Fleischreifung heute werbewirksam. In seiner Metzgerei war alles

Mit Bratensaft begießen, dann wird es zart.

Die Kalbshaxe für zwei

Kürbiskernparfait mit Buchteln

"dry-aged", ohne dass es so genannt werden musste.

Maultaschen exklusiv
Und mehr – Berthold Disch gewann vor gut zehn Jahren einen baden-württembergischen Maultaschenwettbewerb. Ein Skandal! Ein Badener siegt mit dem schwäbischen „Nationalgericht" – das sorgte für Aufsehen im Ländle und für einen großen Maultaschenabsatz in der Metzgerei. Diese preisgekrönten Maultaschen, genau wie das hervorragende Fleisch, kann man jetzt nur noch im Löwen genießen.

Das gesamte Angebot überzeugt: Ob Maultaschensuppe (7 Euro), Sulz (14 Euro) oder Leberle (16,50 Euro) man bekommt es hier in bester Qualität, genau wie ein Steak mit Brägele (27 Euro). Zum Nachtisch darf man sich mit leckeren Apfelküchle (9 Euro) verwöhnen lassen. Oder mit einem herbstlichen Kürbiskernparfait mit Buchteln. Ein Viertel Gutedel bekommt man für 4,70 Euro, den Spätburgunder für 6,50 Euro.

Der schmeckt besonders gut auf der Terrasse, in der Abendsonne unter den Weinblättern.

Gasthaus zum Löwen

Breisgauer Straße 62
79110 Freiburg
0761-82216
www.loewen-lehen.de

Mi bis So 16 – 24 Uhr
Küche bis 21.30 Uhr
Mo, Di Ruhetage

Freispiel
Analog entschleunigen

„Nobody is perfect" – so heißt das Brettspiel, zu dem sich Rebekka, Elise, Christine, Johannes und Friederike im Freispiel getroffen haben. Die Stipendiaten der Konrad-Adenauer-Stiftung begehen ihren Semesterabschluss spielerisch. Welches Handikap wohl Queen Victoria begleitete oder was man sonntags im Irak nicht darf? Plausible Antworten sind hier zu erfinden, damit die Spielfiguren weiterziehen dürfen – die Auflösung: Die Queen hatte Probleme mit der englischen Sprache und im Irak ist sonntags der Verzehr von Schlangen nicht erlaubt.

Ein Trend
Das Spielecafé im Stühlinger boomt. Dass es so gut ankommt, hatten Thomas Krohn und Florian Högner, die beiden Inhaber, bei der Gründung nicht ganz so erwartet und mit einer Flaute im Sommer gerechnet, doch auch im dritten Jahr platzt das Spielecafé bei 36 Grad abends regelmäßig aus den Nähten. Als glücklicher Umstand sollte sich erweisen, dass ein Meter Fläche vor dem Fenster noch zum Grundstück des Ladens gehörte und somit Tische und Stühle ohne Genehmigung auch im Freien aufgestellt werden konnten.

1000 Spiele in der Ludothek
Auch zur Winterszeit sind abends fast alle Tische belegt. Wie es das Klischee will, sind Jungs eher an den Tabletop-Tischen zu finden, der Frauenanteil ist im Raum der Brett- und Sammelkartenspiele höher, an den Plätzen hinter den freundlichen, großen Schaufenstern des Geschäftes.

Beim Spieletest: Florian Högner, Thomas Krohn und Isabel Krohn

Ein Renner – Zeit verdaddeln beim klassischen Brettspiel

Die Stimmung ist offen und fröhlich. Rund 1000 Spiele stehen zur Verfügung, die alle persönlich von den beiden Inhabern zusammen mit Freundinnen und Freunden getestet wurden.

Kaffee, Limo & Knalle-Popcorn
Der Spielespaß kostet 2 Euro pro Stunde und höchstens 6 Euro, egal wie lange man bleibt. Verdursten muss niemand. Der Spitzenkaffee aus der Glitzermaschine stammt von Marco Burkhart. Ein Espresso kostet 1,90 Euro, eine Latte Macchiato 3,30 Euro.

Das Verköstigungsangebot ist überschaubar. Highlight sind die Knalle-Popcorn-Tütchen, „handjemacht" aus Berlin – in so knalligen Geschmacksrichtungen wie Tonkabohne-Kokos oder Erdnussbutter-Salzkaramell.

Freispiel

Lehener Straße 15
79106 Freiburg
0761-59516426
www.freispiel-freiburg.de

Mo bis Do 11 – 23 Uhr
Fr, Sa 11 – 24 Uhr
So Ruhetag

Fritz' Galerie
Kunst, Kneipe & Schwermetall

So ein schöner Ort, und so gut versteckt: Fritz Adler hat es richtig gemacht, als er sich vor 14 Jahren hier niederließ. Der Werkzeugmacher und ehemalige Eishockeyspieler suchte für seine Metallfertigung neue Räumlichkeiten. Hier gab es schäftigte; es war die zweitgrößte Schokoladenfabrik in Baden. 1922 bestand sie noch, nach dem Krieg nicht mehr.

Es macht viel Freude, hier zu sitzen zwischen altem Mauerwerk, den Bäumen und unter den bunten Lampen. Bewacht wird das Areal von großen Holzskulpturen, die von Studierenden der Edith-Maryon-Kunstschule geschaffen wurden.

Das Angebot an Speis und Trank ist schlank: Waldhaus-Bier, Limo, einfache Drinks wie Campari-O, Gin-Tonic oder Aperol Spritz. Wein kommt aus Munzingen vom Weingut Baumann, dem Schwager von Fritz Adler. Wer Hunger hat, bekommt Flammenkuchen gebacken. So einfach ist es hier.

Mit Annika Sauer fand Fritz Adler Unterstützung. Die frischgebackene Landschaftsarchitektin und Tochter eines Eishockeykol-

Passt auf, damit nichts wegkommt.

Platz genug, auch für kunstsinnige Menschen, die freiwerdende Wohnungen bezogen. Platz für eine Galerie. Und für den Biergarten, der 2018 eröffnete.

Ein Ort mit Atmosphäre und Geschichte
Uralte riesige Bäume stehen auf dem Gelände: Eiben, Buchen, Platanen, mindestens 200 Jahre sind sie alt. Die Fabrikgebäude geben ihre Geheimnisse nicht so leicht her. Ursprünglich soll es eine Schokoladenfabrik gewesen sein. Die gab es wirklich: „Badenia" hieß die Marke, „Hof-Chocoladen, Merck & Arens" waren die Hersteller. Um 1900 gab es 113 Be-

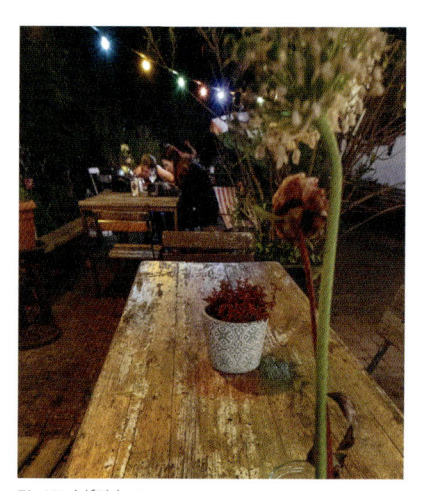

Ein Wohlfühlort

Annika Sauer & Fritz Adler – ein gut gelauntes Gespann im Zeichen des Meeresgotts Triton

legen kam für ein Berufspraktikum nach Freiburg. Sie verstanden sich blind und gründeten Triton, eine „Kreativfabrik", um künstlerische Ideen mit handwerklichen Geschick umzusetzen. Beide sind tiefenentspannte Gastgeber.

Fritz' Galerie ist nicht die erste Übung im Bahnweg in Kunst und Hedonismus. Nebenan in Nr. 6 befand sich einige Jahre die Heimstatt der legendären Elektronik-Partys des i-pire-Kollektivs, unter gelegentlicher Beteiligung von Pretty Ugly, der Ballettkompanie des Freiburger Stadttheaters. Leider Geschichte, der ganze Bahnweg Nr. 6 wurde vor Jahren von der Breisgaumilch, der heutigen Schwarzwaldmilch verschluckt.

Fritz' Galerie ist kaum zu finden: von der Haslacher Straße Richtung Bahngleise fahren, bis es nicht mehr weiter geht, rechts abbiegen, rund 50 Meter weiter. Bunte Lampen zeigen, wenn man richtig ist.

Fritz' Galerie

Bahnweg 4
79106 Freiburg

Mai bis Oktober
Mi bis Sa 17 – 22 Uhr
bei schönem Wetter

Joris & BioBrutzelBude
Bio-Küche und Imbissbude im Gewerbehof

Der Gewerbehof im Stühlinger ist ein einzigartiges Ensemble, eine Mischung aus Kunst, Gewerbe und Kunstgewerbe. Das Theater der Immoralisten residiert hier, ein Maßschuhmacher, ein Fahrradladen und einige andere Handwerker.

Jonas & Floris = Joris

Vor sechs Jahren zog die Genusswerkstatt hier ein, der Catering-Service von Floris Suchant und Jonas Hartmann. Wenig später eröffneten sie das Joris. Es ist ein schöner Ort für ein Café-Restaurant mit einer sonnigen Szenerie im Hof und einem gemütlichen Biergarten.

Hartmann und Suchant sind beide als Bio-Kinder aufgewachsen, das Restaurant ist folglich bio-zertifiziert. Mit ihrer Küche möchten sie bescheiden bleiben und mit dem auskommen, was die Jahreszeiten hergeben. Viel Gemüse heißt das, nur ab und zu Fleisch und Fisch, und alles mit dem eigenen Geschmack statt Budenzauber in der Küche, so sieht es Jonas Hartmann. Die Semmelknödel vom Mittagstisch – sie schmecken so, wie zu erwarten ist, im besten Sinne. Ob Kartoffel-Linsen-Puffer oder ein Zitronen-Risotto (beides 12,50 Euro), was auf den Mittagstisch kommt, entscheidet sich erst kurz vor Beginn der Woche. Die Karte ist auch abends klein, mit nur zwei, drei Gerichten. Entschleunigung wird im Joris groß geschrieben.

Frühstück am Tisch serviert
Deshalb ist das Frühstück hier klassisch: kein Buffet, kein Brunch. Brötchen, Butter, Marmeladen, Honig, Eier und was das Herz sonst so begehrt, werden am Tisch serviert. Wie altmodisch. Und was für eine Wohltat.

Kartoffel-Linsen-Puffer mit Kräuterquark

Demeterpommes mit Curry Sauce, home made    Maxi, die Biobrutzlerin

Niemand, am wenigsten Jonas Hartmann und Floris Suchant hätten vermutet, dass sie einmal eine Imbissbude betreiben würden. Doch Corona machte es möglich. Jürgen Dworschak vom Gewerbehof wollte dem Lockdown mit selbstgebauten Holzbuden zur Bewirtung begegnen.

Die BioBrutzelBude, ein Coronakind
So kam es zur BioBrutzelBude mit Maxi Böhm als BioBrutzlerin. Hier gibt es Demeterpommes, die mit Schale frittiert werden, und sehr knusprig schmecken, dazu die leckere selbstgemachte Currysauce (3,50 Euro).

Mayonnaise und Würstchen bekommt man in klassisch und vegan – doch all das wäre nur halb so gut ohne das Temperament und die ansteckende Fröhlichkeit von Maxi, die sie serviert.

Joris & BioBrutzelBude

Ferdinand-Weiß-Straße 9/11
79106 Freiburg
0761-42966533
www.joris.bio

Di bis Fr 10 – 23 Uhr
Sa 17 – 24 Uhr
So 10 – 15 Uhr, Mo Ruhetag
BioBrutzelBude Mo bis Fr 11 – 15 Uhr

Mirabeau
Zeitreisen in Drinks

„La douce France" hat in Freiburg schon lange seinen Platz, es ist das Mirabeau im beliebten Stühlinger. Jenny und Andeas Berg finden ihr „süßes" Frankreich vor allem in der Vergangenheit, die sie mit ihren Flohmarktschätzen in ihrer Bar am Lederleplatz inszenieren. Die Mirabeau-Gläser aus dem 19. Jahrhundert, Namensgeber der Bar, sind inzwischen an die Seite gerückt, und haben die Bühne frei gemacht für Champagner-Coupettes, Martini-, und guillochierte Weingläser. Denn das Mirabeau ist seit drei Jahren eine Cocktailbar.

Savoir boire, savoir vivre
Als die beiden Bergs vor neun Jahren das Mirabeau aufmachten, bewirteteten sie mit süßen und salzigen Kleinigkeiten und originellen Getränken. Über Corona, Lockdowns und viel Nachdenken fanden sie nun ganz zu den Cocktails: „Wir nennen sie Art-Déco-Cocktails, der Schwerpunkt liegt im Paris der 20er Jahre", sagt Andreas Berg.

Paris natürlich, wie könnte es anders sein? Doch was ist so besondes an einem Cocktail der 20er Jahre? Ein Blick darauf reicht: Eiswürfel, Früchte, Trinkhalm – was man so mit Cocktails verbindet, alles Fehlanzeige. Nichts soll vom Geschmack ablenken. Ziel ist die vollkommene Verbindung der Spirituosen im Glas.

1920 – Exodus der Bartender
Bis 1920 war New York die Cocktailhauptstadt weltweit, bis die Prohibition begann, die auf einen Schlag alle berühmten New Yorker Bartender beschäftigungslos machte. Viele gingen nach Europa – strömten in die großen Städte, nach Paris, nach London und brachten ihr ganzes Können mit.

Cocktails aus 100 Jahre alten Gläsern

Andreas und Jenny Berg

Im Mirabeau leben die 1920er Jahre wieder auf: mit „So So", „Mary Pickford" und „Last Word".

Die ausgefuchste Technik traf auf die französische Trinkkultur mit den ganz eigenen Getränken, etwa Campari.

Der protokollierte Weg zum Genuss

Mit unglaublichem detektivischem wie sensorischem Gespür haben die Bergs diese vergangene Welt der Drinks der 20er Jahre wiederauferstehen lassen. Für einen Sidecar etwa, einen klassischen Cocktail, probierten sie wochenlang Variationen aus, und dabei „landeten 300 Euro Sprit im Spülstein", bis der Drink perfekt war. Geblieben ist ein mehrere Seiten langes, klein beschriebenes Protokoll der Versuchsreihen.

Geblieben für uns alle sind vor allem die raffinierten Mixturen mit ihren klingenden Namen: „Chrysanthemum", „Old Etonian", „Aviateur". Geblieben ist ihr umwerfender Geschmack. Andreas Berg hat zu jedem der Drinks spannende Geschichten parat, und er erzählt sie gern.

Mirabeau

Guntramstraße 13
79106 Freiburg
0761-2056824
www.mirabeau-freiburg.de

Mi, Do 18 – 23 Uhr
Fr, Sa 18 – 24 Uhr
So 18 – 23 Uhr
Mo, Di Ruhetage

Café Satz
Alles muss raus

Es ist wohl noch nicht vorgekommen, dass einem Gast der Sessel unter dem Hintern weggerissen wurde oder die Kaffeetasse aus der Hand genommen – wahrscheinlich ist es nicht, aber möglich wäre es.

Sylvias Möhrentorte

Denn hier im Café Satz steht alles zum Verkauf. Geschirr, Mobiliar und Bücher tragen Preisschilder – es ist der Showroom der Möbelabteilung des Einlädele, einer sozialen Einrichtung, die vor allem durch die rührige Schwester Inge Kimmerle und ihren Second-Hand-Laden vis-à-vis bekannt wurde.

Ein soziales Projekt
Inge Kimmerle unterstützte mit den Einnahmen Projekte für Kinder in der Ukraine. Seit 2010 führt Volker Höhlein die Geschäfte im Sinne der Nächstenliebe fort. Er hat die Aktivitäten stark ausgebaut. Antiquariat, Second-Hand-Kleidung und Café, sie haben seither alle eigene Räumlichkeiten.

In der Behaglichkeitsfalle
Das Café empfängt den Gast mit kuscheliger Gemütlichkeit. Omas Mobiliar war nun einmal plüschiger als die Massenartikel aus den Baumärkten, die in den meisten neuen Cafés Verwendung finden. Wer sich in eines der Sofas sinken lässt, weiß im Grunde schon, dass es hier nicht darum gehen kann, so bald wieder aufzustehen.

Mitstreiter der Behaglichkeitsfalle sind Kaffee und Kuchen, denn sie sind vom Feinsten. Der Kaffee stammt von der Rösterei Elephant Beans und die Kuchen sind selbst gemacht. Stolze 60 ehrenamtliche Helfer unterstützen Einlädele, Café Satz und Antiquariat – vom Schüler bis zum Rentner, von sieben bis 70 Jahren. Und sie backen auch die Kuchen, die dann ihren Namen tragen.

Stolz auf ihren Käsekuchen – Tania Bondar

Mit Preisschild – noch steht der Tisch, doch bald könnte er verkauft sein.

Käsekuchen, Kiever Art
Der Käsekuchen von Tania Bondar macht sehr viel Freude. Die 19-Jährige kam vor gut einem Jahr aus Kiew nach Freiburg, kurz nach Beginn des Krieges. Außer Käsekuchen backen hat sie seither auch erstaunlich gut deutsch gelernt.

Kuchen kosten 2,80 Euro, Torten 3,80 Euro. Einen Espresso bekommt man für 2,10 Euro, Cappuccino für 2,80 Euro, einen Latte Macchiato für 3,40 Euro. Kaltgetränke kosten 2,90 Euro, darunter befindet sich eine große Auswahl an Alternativlimonaden.

Nebenbei wird das Café auch als origineller Veranstaltungsort für Lesungen und kleine Konzerte genutzt. Und auch vermietet – denn man kann die Räumlichkeiten auch fürs eigene private Fest reservieren.

Café Satz

Guntramstraße 57
79106 Freiburg
0761-15615760
www.cafesatz-freiburg.de

Mo bis Fr 9 – 18 Uhr
Sa 9 – 17 Uhr
So Ruhetag

Küchenschelle
Idyll bei den Laubenpiepern

Eine Küchenschelle, das ist nicht etwa eine Ohrfeige, die – in längst vergangenen Zeiten natürlich – einem Lehrling vom Meister verabreicht wurde. Die Küchenschelle ist eine selten gewordene einheimische Blume. Zwei davon gedeihen im Freiburger Kleingartengebiet im Garten der „Küchenschelle". So nämlich benannte Gesine Pumplün ihre Gartenwirtschaft, als sie vor sechs Jahren eröffnete. Das Vereinslokal der „Gartenfreunde West" hat eine lange wechselhafte und mit wenig Fortüne gesegnete Geschichte mit dem Namen „Vogelnest" hinter sich.

Wohlfühlort zwischen den Kleingärten
Mit der Küchenschelle änderte sich das. Als habe die neue Wirtin sämtliche Landlust-Magazine verinnerlicht, wurde der lichtdurchflutete Raum in freundlichstes Shabby-Chic versetzt – mit sorgsam abgewetzten alten Tischen samt einer Werkbank. Wohlfühlen ist seither Programm. Neben dem kleinen Pflichtprogramm einer Gartenwirtschaft mit Schnitzel, Käsespätzle & Co. verzeichnet die aufgeräumt wirkende Speisekarte andere Gerichte, die neugierig machen, wie ein unkonventionelles Risotto aus Graupen, das ab und zu, mal mit Apfel-Chutney, mal mit Roter Bete oder anderem Saisongemüse im Angebot ist.

Von den Küchen der Welt inspiriert
Die feinperligen Graupen haben ihr Revival in der Küche mehr als verdient. Sie dürften der älteren Generation noch aus der Arme-Leute-Küche der Nachkriegszeit vertraut sein. Gesine Pumplün, die weitgereiste gebürtige Emderin, lässt in die Rezepte ihre kulinarischen Erlebnisse aus der ganzen Welt einfließen. Das gilt auch für die süßen Sachen.

Gesine Pumplün

Bananenkuchen, Lemon Curd, Orangensirup

Unter fröhlichen Schirmen – Ann Sophie Funke beim Service im Garten

Ein Bausatzkuchen
Bemerkenswert ist etwa ein Banane-Walnuss-Kuchen mit Lemon Curd. Was da auf einem großen Schieferteller effektvoll arrangiert wird, ist nicht nur Deko, sondern Bausatz.

Der Bananenkuchen selbst kommt mit wenig Zucker aus. Wer ihn nach eigenem Belieben anfeuern will, findet Lemon Curd für zitronige Säure und eingekochten Orangensaft für mehr Süße – eine von vielen Ideen, die Gesine Pumplün aus Australien mitbrachte. Kuchen und Torten sind hier, dem jeweiligen Aufwand entsprechend, von 4,20 bis 5,90 Euro zu haben. Ein Cappuccino kostet 3,50 Euro.

Viele freundliche Gesichter sind unter den Gästen zu sehen, die den einladenden Platz im Grünen adoptiert haben.

Küchenschelle

Bissierstraße 2a
79114 Freiburg
0761-89782961
www.kuechenschelle-freiburg.de

Mi bis Fr 15 – 22.30 Uhr
Sa 10 – 22.30 Uhr
So 10 – 18 Uhr
Mo, Di Ruhetage

Smak
Piroski nur hier, nur samstags

Freiburg-Weingarten findet unter Freunden guter Küche eher selten Erwähnung. Das sollte sich ändern, denn nur hier bekommt man frische Piroski zu essen, samstags am Smak-Supermarkt. Der ist in Weingarten gut aufgehoben, denn hier leben viele Russlanddeutsche.

Irina Spomer an der Fritteuse

„Piroski müssen frisch sein", sagt Viktor Shurawljow, der Smak-Senior-Chef, „dann sind sie am besten". Der 64-jährige Ex-Bauingenieur kam vor 30 Jahren aus Kasachstan nach Deutschland. Er selbst ist Russe, seine Frau Lidia, eine geborene Brem, hat deutsche Wurzeln und kehrte mit ihrer Familie nach 1990 in die Heimat ihrer Großeltern zurück. Das Rezept der Piroski stammt von ihr – geheim natürlich, doch das Geheimnis vieler solcher einfacher Köstlichkeiten ist es, dass es keins gibt, sondern Erfahrung und sorgfältige Zubereitung.

Piroski – auf vier Arten
Piroski sind handtellergroße Hefeteigtaschen, die unterschiedlich gefüllt werden können. Am Smak-Supermarkt in Weingarten bekommt man vier Versionen davon – mit Hackfleisch, mit Weißkraut, mit Kartoffeln gefüllt, oder als Langos, eine mit Frischkäse gefüllte, rumänische Variante. „Wie Philadelphia", sagt Irina Spomer, die samstags im Büdchen vor dem Supermarkt die vorbereiteten, gefüllten Taschen in Öl frittiert. Die fluffen auf und wollen dann sofort gegessen werden.

Knistern, wenn frisch
Nur wenn sie ganz frisch sind, knistern sie verheißungsvoll beim Hineinbeißen. Die Piroski am Smak-Supermarkt sind perfektes Understatement. Locker und gar nicht fettig hüllt der Hefeteig die sämigen, weich gekochten Kartoffeln ein. Oder das Kraut, das leicht säuerlich schmeckt, doch ohne jede Aufdringlichkeit. Auch wenn man

Viktor Shurawljow – er mag sie selbst ganz gern.

Mit Kartoffeln, mit Kraut, mit Hackfleisch – von außen gleich, doch alle köstlich

noch nie Piroski gegessen hat – es ist ein Geschmack wie von früher, der von allerbester Hausmannskost.

Spärliche Informationen
Nach längerem Nachfragen bekommen wir doch noch ein paar Tipps zu hören: Das Hackfleisch wird roh mit Zwiebeln vermengt in die Teiglinge gefüllt, das Weißkraut hingegen wird mit Zwiebeln angebraten, bevor es in den Teig gefüllt wird. Auf diesen kommt es aber am meisten an, und schon wird Frau Shurawljowa wieder einsilbig. Ihren hausgemachten, frischen Hefeteig bekommt man auch im Markt zu kaufen. Natalja, eine Stammkundin, ebenfalls gebürtig in Kasachstan, nimmt ihn immer, wenn sie zu Hause Piroski macht, denn so gut wie Lidia bekomme sie ihn infach nicht hin.

Smak

Opfinger Straße 5
79114 Freiburg

Sa 8 – 17 Uhr

WEINGARTEN

Anuras Elefant
Die Charme- und Preisoffensive

Anuras Elefant im Stühlinger hat eine große Fangemeinde. Anura Thirimanna kocht hier seit gut 15 Jahren gesunde, schmackhafte und preiswerte Mittagsgerichte. Elefanten sind die große Leidenschaft des Anura Thirimanna, der in Sri Lanka ge-

Anura Thirimanna – Kräutergarten in Sri Lanka

boren wurde, und deshalb stehen wohl so viele davon herum in seinem – ja, was ist es denn nun? Imbiss? Wohnzimmer? WG-Küche? Schwer zu sagen. Es bleibt den Gästen überlassen, ob sie nur schnell zu Mittag essen wollen oder es sich den Nachmittag gemütlich machen, Chai trinken und lesen. Anura macht es leicht, sich wohl zu fühlen.

Mit seiner tiefenentspannten Persönlichkeit trägt er viel zum guten Gefühl aller bei. Der Mann mit Charisma ist in seinem Zweitberuf Security-Guard. Viele kennen sein Gesicht vom ZMF. Und einmal mehr muss er die Geschichte erzählen, wie er in den 90ern beim ZMF der persönliche Bodyguard der schwierigen Nina Simone war und, wie er es schaffte, dass sie seine Einladung auf ein Eis annahm.

Ein Mix aus Theaterleuten, Polizisten, Musikern von der Jazz- und Rockschule, Angestellten aus den umliegenden Büros und einmal nicht ganz so vielen Studis lässt es sich bei Anura schmecken.

Leicht und lecker
Anuras Küche ist leicht. Es wird ausschließlich gedämpft, weder frittiert noch gebraten, ganz ohne Fett. Dämpfen ist optimal für den Vitaminerhalt, ein Genuss ohne Reue und ideal zur Mittagszeit.

Anura kauft die meisten Zutaten im Bioladen ein. Die sri-lankischen Kräuter allerdings nicht. Sie kommen direkt aus Sri Lanka – frisch aus seinem eigenen Garten! Eine Cousine arbeitet bei einer Fluggesellschaft, und so kommen die Kräuter schon einen Tag nach dem Flug in der Stühlingerstraße an.

Reis mit Kokosmilch, Tomaten, Auberginen

Nachschlag gefällig? Anura Thirimanna lässt niemanden hungrig nach Hause gehen.

Anuras Küche schmeckt vielen. Das Reisgericht am Montag mit Auberginen, Kokosmilch und Tomaten bringt die Aromen der Kräuter prima hervor und strapaziert den Geschmack der Mittagsgäste nicht mit übertriebener Schärfe.

Die Tagesgerichte kosten bescheidene 6 Euro mit – Achtung! – kostenlosem Nachschlag inklusive. Alle Tagesgerichte gibt es auch ohne Fisch oder Fleisch. Salate und Fruchtsalate bekommt man für 1 Euro als Beilage oder 1,50 Euro solo.

Der feste Wochenplan
Montag: Sri Lanka-Tag
Dienstag: Pasta auf sri-lankisch
Mittwoch: nur vegetarische Gerichte, Gemüsegerichte oder Suppen
Donnerstag: Chili con Carne mit Ananas
Freitag: Camembert mit Gemüse

Alle Getränke bei Anura kosten nur 1 Euro, ob Milchkaffee, Fruchtsäfte oder der sri-lankische Chai, ein Tee, der mit Ingwer und Kardamom gewürzt ist. Das ist sensationell preiswert.

Anuras Elefant

Stühlingerstraße 9
79106 Freiburg
0761-1375450
0176-77627108

Mo bis Fr 12 – 16 Uhr
Sa & So Ruhetag

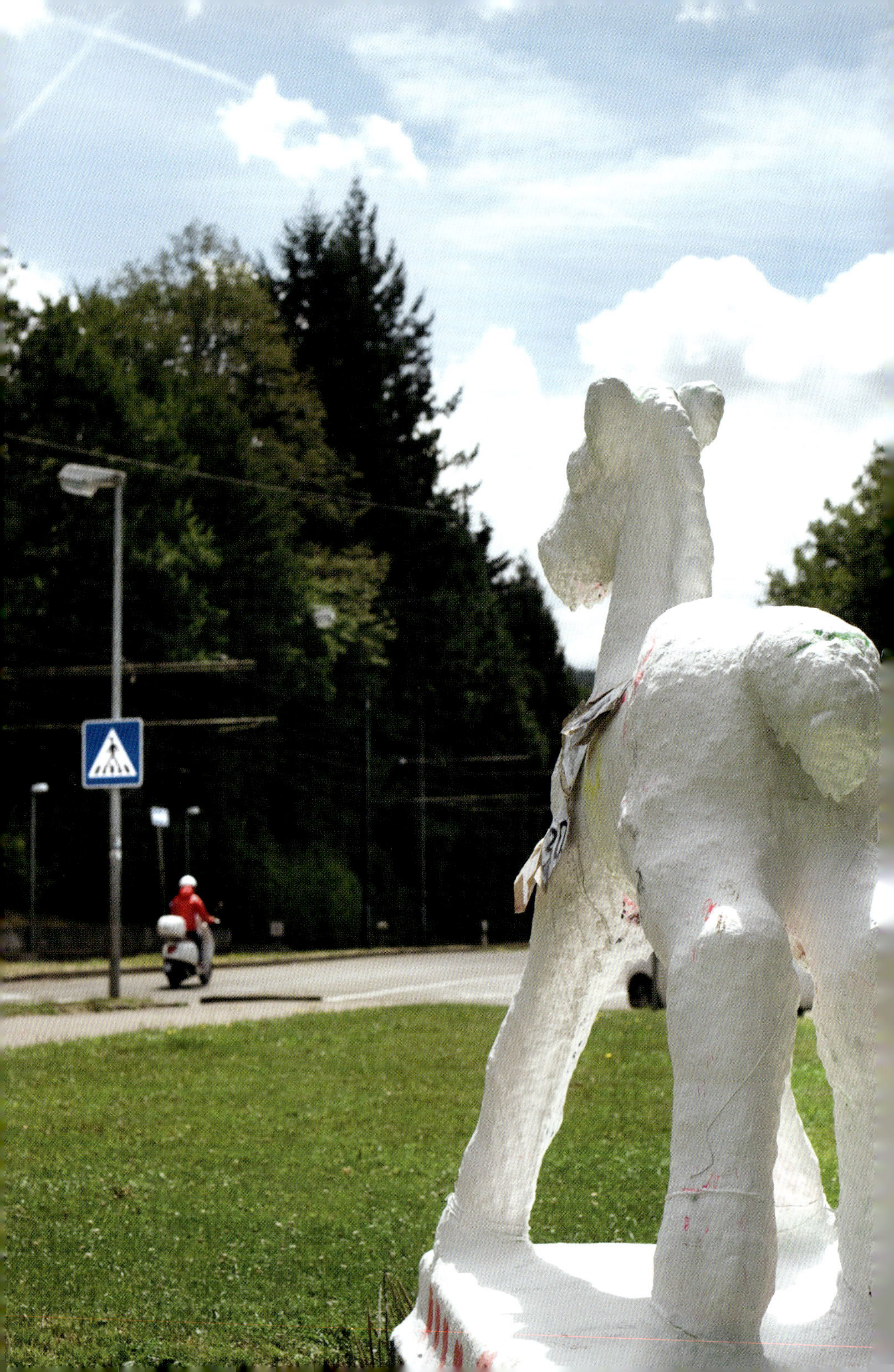

Der Süden

Das Holbeinpferdchen schaut aus der Wiehre nach Süden in Richtung Günterstal.

Die beliebte Wiehre mit ihrer nahezu geschlossenen Gründerzeitbebauung erstreckt sich wie ein schmales Band südlich der Freiburger Altstadt. Zu den südlichen Stadtteilen gehört auch Günterstal, das sich durch Wiesen von der geschlossenen Bebauung des Freiburger Stadtgebiets absetzt und als das eigenständige Dorf wahrgenommen wird, das es mal war. Im Süden liegt der Stadtteil Vauban, gebaut nach dem Abzug der französischen Soldaten auf dem Gelände der ehemaligen Vauban-Kaserne.

Scheinpflug
Feines Eis am Annaplatz

Vor 13 Jahren begannen Richard Kim und Wolfgang Scheinpflug mit ihrer Eisproduktion in Waltershofen. Dabei hatten sie die Gastronomie im Blick und den Verkauf von Halbliterpackungen für zu Hause, die eigene Eisdiele sollte in einem zweiten Schritt folgen, und erst dann, wenn ein schöner Ort dafür frei würde.

Vor drei Jahren war es soweit, die Zeit war gekommen für ein neues Café am beschaulichen Annaplatz. Zuvor hatte sich Scheinpflug als Marke gut eingeführt. Wie Wolfgang Scheinpflug erzählt, kam der Anstoß zum Eismachen eher zufällig. Die beiden stolperten im Keller einer Gastwirtschaft über eine ungenutzte Eismaschine, die preiswert zu haben war. Und so rutschten sie hinein ins kalte Gewerbe. Schon nach kurzer Zeit wurde der Ehrgeiz größer. Mit Begeisterung erzählt Scheinpflug vom Tüfteln und immer wieder Neuaustarieren von Geschmack und Textur.

Zucker im Dreisatz

Der Zucker etwa, er dient nicht nur zum Süßen, sondern setzt auch den Gefrierpunkt herab, Voraussetzung dafür, dass das Eis auch bei Minustemperaturen cremig bleibt und nicht zum Block wird. „Es ist nicht schlecht für einen Eismacher, wenn man Dreisatz kann", sagt er.

Denn Zucker, Fett und Trockenmasse wollen ins richtige Verhältnis gebracht werden. Und das Tüfteln geht weiter. Denn vor kurzem hat ihn eine Softeismaschine

Donya Steinfels, von Beginn an mit dabei

Rote-Bete-Apfel-Ingwer-Eis, nur das rote...

Wolfgang Scheinpflug

angelacht, die inzwischen ihre Dienste offeriert, mit speziellem Scheinpflug-Soft-Eis (2,60 Euro). Schon das normale Eis ist ungeheuer geschmeidig, der Eigengeschmack der Sorten tritt klar hervor, bei zurückhaltender Süße.

Doch weil nach Gramm verkauft wird, kann man sich auch kleinste Mengen zum Probieren verabreichen lassen (3 Euro/100g) Scheinflug bezieht seine Früchte regional, soweit möglich, oft kommen Bauern im Eislabor in Waltershofen vorbei und bringen ihm besonders aromatisches Obst.

Die Scheinbar
Seit neuestem wird auch der „Scheinbar" getaufte, zen-buddhistisch anmutende Hof genutzt – für einen beschaulichen Mittagstisch (8,50 – 13,50 Euro), der vor Ort in einer extra dafür eingerichteten Küche im Gartenhäuschen zubereitet wird.

Scheinpflug

Kirchstraße 48
79100 Freiburg
www.scheinpflugeis.com

Mo bis Fr 10 – 18 Uhr Winter
ab März bis 19 Uhr

Sa & So 12 – 18 Uhr

WIEHRE

3K-Café
Mit Ecken und Kanten

Vor fünf Jahren nahm das Dreikönigscafe mitten im beliebten Wohnviertel Wiehre seinen Betrieb auf. Josef Kleine-König, zuvor als Gemüsebauer mit Stand vom Wiehre- und Vauban-Markt bekannt, dürfte mit gut 60 Jahren unter den vielen Junggastronomen Freiburgs der Spätestberufene gewesen sein.

Cafébetrieb als politische Arbeit
Das Gemüse hat auch im Café seinen Platz, zu kleinen Gerichten verarbeitet, die ausschließlich mit selbst gezogenen Viktualien gekocht und gebacken werden. Ein Stück Kontinuität ist dies, denn Kleine-König übernahm die Räume des langjährigen, gelegentlich immer noch vermissten Lebensmittelgeschäfts Hofmeister.

Für Kleine-König sind Gemüseanbau und Kuchenbacken – man staune – vor allem politische Arbeit. Für den Cafébetrieb heißt das in Kurzfassung: weniger Zucker, bio, Dinkelmehl, alles hausgemacht, und unabhängig von Konzernen, auch solchen wie Alnatura.

An Widerspruchsgeist lässt sich der Wirt von niemandem überbieten. Sollte der badische Freiheitskämpfer Max Dortu, dessen Grabmal sich schräg gegenüber auf dem Spielplatz befindet, mit ihm etwa einen neuen Bundesgenossen gefunden haben? Der Widerspruch kommt prompt. Nein, ein Revolutionär sei er nicht, doch er gehe seinen ureigenen Weg, den werde er stoisch weitergehen.

Angebot aus eigenen Anbau
Zurück zum politisierten Apfelkuchen: Der lässt sich nämlich auch einfach so genießen (4,40 Euro), genau wie Quiche (4,80 Euro), Gemüsesuppe (5,80 Euro), Säfte (ab 3,50 Euro) – begleitet von geistigem Rüstzeug aus dem reichhaltigen Zeitungsangebot. Der Wirt rät wärmstens zur Lektüre von „Le Monde diplomatique".

In der Wiehre selten: Sonnenterrassen

Apfelkuchen ist Politik

Selbst gestaltet – der lichte, eigenwillig schöne Raum des 3K-Cafés

Eigenwillig schön ist der Gastraum geworden – großzügig und hell, mit Licht von zwei Seiten besitzt er das Zeug zum Wiener Kaffeehaus.

Renovierung und Gestaltung stammen, wen wundert's, von Kleine-König selbst. Die Zwischendecke entfernte er und entwarf die Decke neu, mit Gewölben in den Grundrissen der darüber liegenden Zimmer. Ganze Arbeit auch beim Boden, der mit rosa Granitplatten belegt wurde, die „Kraftlinien" abbilden, denn bei aller Politik: Ganz ohne Esoterik geht es in Freiburg nicht.

Wie schön, dass hier freitagsabends zwei Mal im Monat Jazzkonzerte stattfinden. Der Donnerstagabend wird seit neuestem mit Tango belebt, wenn es zum Herbst am Tanzbrunnen in der Stadt dafür zu kalt geworden ist.

3K-Café

Dreikönigstraße 39
79102 Freiburg
kleine-koenig@t-online.de

Do & Fr 11 – 18 Uhr
Sa 10 – 16 Uhr

Flamingo
Des Punks neue rosa Federn

„Wir lieben den Punk immer noch sehr". Carina Wolffs Bekenntnis zum unangepassten Lebensstil kommt von Herzen. Die Frage, warum sich die neue Bar im früheren Walfisch ausgerechnet Flamingo nennt, Mittagstisch, um dann zu erkennen: Wir sind eine Bar.

Ein wenig Berlin in Freiburg
Zuvor war schon das Interieur kräftig entrümpelt und umgemodelt worden. Freundlicher und heller wurde es – und vielgestaltiger. Blümchentapete in Kombination mit abgeklopftem nacktem Mauerwerk. Gemütliche Sofas in Kombination mit Wirtshausbestuhlung – so kennt man das seit Jahren aus der Hauptstadt. Vor allem auf der Terrasse wurde kräftig gezimmert und gewerkelt. Der Bretterbudencharme, der sich seit Corona vor nicht wenigen Lokalen etabliert hat, verfängt auch hier.

Doch bei wem man zu Gast ist, weiß man immer, denn die Regelbeschallung erfolgt mit Punk, Hardcore und gelegentlich auch mit Country-Musik.

Muss immer draußen bleiben: der PR-Flamingo

wurde der Chefin schon öfter gestellt. Ihre Antwort ist recht einfach: „Wir wollten als Punker das düstere Totenkopf-Image abstreifen, und zeigen, dass wir offen für alle sind." Wir – das ist das Dreiergespann der neuen Wirte bestehend aus der Szenegröße Adib Deghdegh, Niklas Aigeldinger und Carina Wolff. Und so viel kann man sagen: Die Operation ist gelungen. Die arbeitenden Menschen im Flamingo verströmen eine gelassene Heiterkeit und übertragen das auch auf alle Gäste.

In den ersten Monaten befand sich der pinke Vogel noch auf Selbstfindungskurs, man probierte sich aus in Frühstück und

Ein Flamingo -Sour: Whisky mit Erdbeeren

Mira Meier, Service, und Carina Wolff, Flamingo-Chefin & Teilzeit-Mutti für fahrende Gesellen

Obwohl die Bar direkt an der Ecke zur lauten Schwarzwaldstraße liegt, zeigt ihre andere Seite zur Nägeleseestraße mitten ins Wohngebiet. Trotz erstaunlicher Öffnungszeiten bis 3 Uhr und manchmal auch bis 4 Uhr morgens hat der Flamingo es geschafft, noch keinen Ärger mit den Nachbarn zu bekommen. Chapeau!

Punk-Konzerte und Burlesque Shows
Immerhin finden regelmäßig schallstarke Punk- und Hardcore-Konzerte statt. Zwei beliebte Partyreihen haben ebenfalls hier Unterschlupf gefunden: Elena La Gattas „Burlesque Show" und Jens Gallers „Forbidden Bongo Bar".

Die Flamingo-Bar ist aber noch etwas mehr, nämlich eine „Bude" für fahrende Gesellen, „Freiheitsbrüder", die hier freundliche Aufnahme finden und Hilfe bei der Suche nach einer Unterkunft. Die Budenwirtin heißt „Mutti" bei den Brüdern, an diese Anrede musste sich die 26-jährige Carina Wolff erst einmal gewöhnen.

Flamingo

Schützenallee 1
79102 Freiburg
0761-70777157
www.flamingo-freiburg.com

Mo bis Do 18 – 2 Uhr
Fr 18 – 3 Uhr
Sa 14 – 3 Uhr
So 14 – 1 Uhr

WIEHRE

Café Goldener Affe
Sonntags immer

Ein neues Café mitten im beliebtem Wohngebiet Oberwiehre, das ist ein kleines Wunder, denn unabhängige Cafés sind hier eine Seltenheit. So herrschte im Goldenen Affen schon in den ersten Tagen reger Betrieb und, kaum verwunderlich, auch eine Stammkundschaft hatte sich in Kürze etabliert. Vor drei Jahren, zu Beginn der Corona-Zeit, öffnete Boryana Hristova ihren Goldenen Affen, das Schild an der Straße, denkt man, sei schon immer da gewesen, so vertraut wirkt es.

Die ehemalige Weinhandlung
Das leicht versteckt im Hinterhof gelegene, kleine Gebäude war ursprünglich für Handwerker gedacht, Schreiner, Glaser oder Schlosser – Betriebe wie sie bis vor wenigen Jahren noch zahlreich in der Nägeleseestraße existierten. Hier, in Nummer acht, residierte zwischen 1910 und 1962 die Weinhandlung von Karl Strecker.

Die Vorstellung, dass mit dem Affencafé wieder etwas Lebensgenuss in die Nägeleseestraße einziehen würde, fand die seinerzeit 98-jährige, inzwischen verstorbene Gertrud Strecker sympathisch. So vermietete sie an Boryana Hristova, die sich schon in das Häuschen verliebt hatte, weil sie an das Affenhaus auf dem Tiergehege Mundenhof erinnert wurde, an dem sie öfters anzutreffen ist.

Mit Affenliebe
Mit ihrem strahlenden Lächeln lässt die 27-jährige Jungwirtin keinen Zweifel dar-

Boryana Hristova

Einer von vielen am Affenhaus

Zeitung, Kaffee und Kuchen – im Goldenen Affen auch sonntags

an, dass der Zauber des Anfangs fortdauern kann, doch bei aller Affenliebe, Kuchen backen und Kaffee kochen kann sie eben auch. Ihre frischen und oft noch warmen Obstkuchen schmecken und duften wie früher, als man sich sonntagnachmittags zu Kaffee und Kuchen zusammenfand.

Im Affenhaus erzeugt der abenteuerliche Einrichtungsmix aus Stilmöbeln, Barhockern, Urwaldtapete und den selbstgemalten Bildern Gemütlichkeit. Inzwischen sind auch ein paar Tische im lauschigen Garten hinzugekommen.

Willkommen sind alle, ob gesetztere Damen aus der Nachbarschaft oder verspätete Hipster, die sich „to go" versorgen – und dies auch samstags und sonntags, das ist leider immer noch keine Selbstverständlichkeit in Freiburger Cafés.

Café Goldener Affe

Nägeleseestraße 8
79102 Freiburg
0176-39533641

Do bis Di 9 – 18 Uhr
Mi Ruhetag

WIEHRE

Dart-Stüble
Im Nirwana

Das Dart-Stüble ist eine Kneipe mit Charakter. Die Gäste wissen, was sie wollen: Bier trinken, Dart spielen, Fußball gucken – und rauchen. Wem vor dem Rauch nicht bange ist, der kann hier eine entspannte Zeit verbringen beim Bier oder auch beim Dartspiel. Klar, dass fast nur Männer hier verkehren.

„Ralf, nimmst du Dir mal Dein Bier?" Seyitali Binay, der Wirt, möchte sich Zeit für das Gespräch nehmen und Ralf geht mal kurz selbst hinter die Bar. Wie einige der anderen auch ist er fast jeden Tag da. Manche spielen Dart, es war lange Zeit Sitz eines Vereins mit Namen „Nirwana-Dart-Stüble". Die Pokale sind immer noch da, die Vereinsspieler nicht mehr.

Vor 22 Jahren hat Seyitali Binai das Stüble gepachtet, das noch eine viel längere Geschichte hat. „Vierzig Jahre", glaubt Binay und wird von den Stammgästen korrigiert: „Fünfzig Jahre!"– auf diese Zahl einigen sie sich nach kurzer Diskussion. Die Stammgäste wissen auch, dass das Dart-Stüble vorher die „Keller-Klause" war und davor war es eine Schwulenkneipe – das „Bobbele".

Einige von den Stammgästen sind schon viel länger da als der Wirt. Wären sie nicht sowieso schon da, dann kämen sie extra noch einmal zum Fußballgucken. Der große nagelneue Fernseher für die Live-Übertragung wirkt wie ein Fremdkörper in der kleinen Bar. Außer, wenn Fußball ist, bleibt er aus. Das Geflimmer stört.

Kultkneipe
So ist das bis 22 Uhr, dann wandelt sich das Bild. Der Laden füllt sich. Youngsters haben das kultige Kellerlokal entdeckt, sie schätzen die konsumfreundlichen Getränkepreise ganz besonders, und dass sie ihre eigene Musik mitbringen und ihre Playlist auf der Musikanlage abspielen können. Sie kommen in Scharen und bleiben bis spät in die Nacht.

Dart spielen, Fußball gucken

Seyitali Binay

Bier trinken, rauchen

Vor allem Bier

Beliebtester Artikel ist das Rothaus-Bier – zur Zeit nur aus der Flasche, denn die Zapfanlage ist kaputt. Davon bekommt man einen halben Liter für – sage und schreibe – 2,70 Euro. Ein Weißwein – der Wirt kauft nach Marktlage – kostet 2,50 Euro. Wein wird jedoch nicht so oft verlangt, genau so wenig wie Cola & Co. Softdrinks und Wasser bekommt man für 2 Euro (0,3l).

Einzige Speise sind Salzstangen. Gratis, denn Herr Binay verspricht sich einen höheren Umsatz an Getränken vom Konsum. Eine Motivationshilfe scheinen die Gäste allerdings nicht zu brauchen, denn die Salzstangen bleiben unangetastet.

Dart-Stüble

Günterstalstraße 53
79102 Freiburg
0761-7078230

Mo bis Fr 17 – 3 Uhr
Sa 17 – 5 Uhr

Raucherkneipe

Eiscafé Limette
Marrakesh mit zartem Schmelz

Die Limette im Vauban ist ein Eiscafé, das ganz vorne mitspielt, wenn es um Freiburgs beste Eisdielen geht. Christian Steffan ist ein Besessener auf der Suche nach neuen Ideen. Neue Eiskreationen findet er bei ausgedehnten einsamen Reisen – in der Wüste Nordafrikas. Wenn Christian Steffan übers Eismachen spricht, merkt

Joghurt-Schale

man sofort, dass hier jemand seine Lebensaufgabe gefunden hat. Der Italiener mit ungarischen Wurzeln wurde in Afrika geboren. Bis heute hat ihn die Faszination für Afrika nicht losgelassen. Immer wieder zieht es ihn zu längeren Reisen dorthin zurück.

Vor allem die Wüste fasziniert ihn, er bereist sie immer wieder allein in Begleitung von drei Kamelen, die er sich dafür zugelegt hat. In der Wüste, das ist klar, kann man schon einmal Lust auf ein Eis bekommen. Für Christian Steffan aber ist die Wüste tatsächlich eine Quelle der Inspiration für neue Eissorten. Mit einem Nachgeschmack vom Sesam aus Marrakesh im Mund dachte er: „Wie kann ich diesen Sesamgeschmack in einem Eis hervorbringen?" Der Startschuss für die Sorte Marrakesh.

Ein Eis, das aus der Wüste kommt
So etwas klappt nur, wenn man eine Vorstellung für Geschmack und Konsistenz hat, und dann zielgerichtet darauf hinarbeitet. „Ein Eis mit Joghurt muss schmelzen, ein Schokoladeneis darf etwas fester sein." Auf einem Zettel im Eislabor sind für jede Sorte alle Inhaltsstoffe mit Maßangabe notiert. Eine Grundmischung, die mit Früchten, Vanille oder Schokolade versetzt wird, gibt es hier nicht. Alle Zutaten werden warm verarbeitet. Bei 85 Grad entfalten sich die Aromen am besten. Danach kommen sie in die Eismaschine, werden auf die richtige Konsistenz gerührt und dabei heruntergekühlt.

Sorgfalt, die man schmecken kann
Wie bewusst hier Eis gemacht wird, merkt man auch daran, wie sorgfältig die Sorten in den Bechern zusammengestellt werden. Bei der Joghurt-Schale etwa. Hier gibt

Krokanto-Becher

Christian Steffan – Wüstentripps mit drei Kamelen

es keine süße Geschmackswalze, die alles platt macht, sondern fein Abgestimmtes zwischen süß, sauer, fruchtig und cremig – ein Gedicht. Und wer wissen möchte, wie toll Krokant schmecken kann, sollte einen Krokanto-Becher versuchen. Das Krokant ist hier keine zähe und klebrige Angelegenheit, sondern knackig mit wenig Zucker.

Die Eisbecher kosten alle 7 Euro bis 7,50 Euro. Einige sind auch in klein zu haben für 5,50 Euro. Selbst zusammengestellt bekommt man eine kleine Portion mit drei Kugeln für 5,50 Euro. Im Außer-Haus-Verkauf kostet eine Kugel Eis 1,60 Euro. Einen Cappuccino für 3,60 Euro. Ein Glas Tafelwasser kostet 2,50 Euro (0,2l).

Das Café mit den klaren Linien und den netten Durchblicken zur Straßenbahn ist das zweite Eiscafé von Christian Steffan, neben der Orangerie in Kirchzarten. Er eröffnete es 2006, nachdem er selbst ins Vauban gezogen war.

Eiscafé Limette

Vaubanallee 14
79100 Freiburg
0761-4797370
www.limette-freiburg.de

Mo bis Sa 10 – 21 Uhr
So 11 – 21 Uhr
Oktober bis März bis 18 Uhr geöffnet

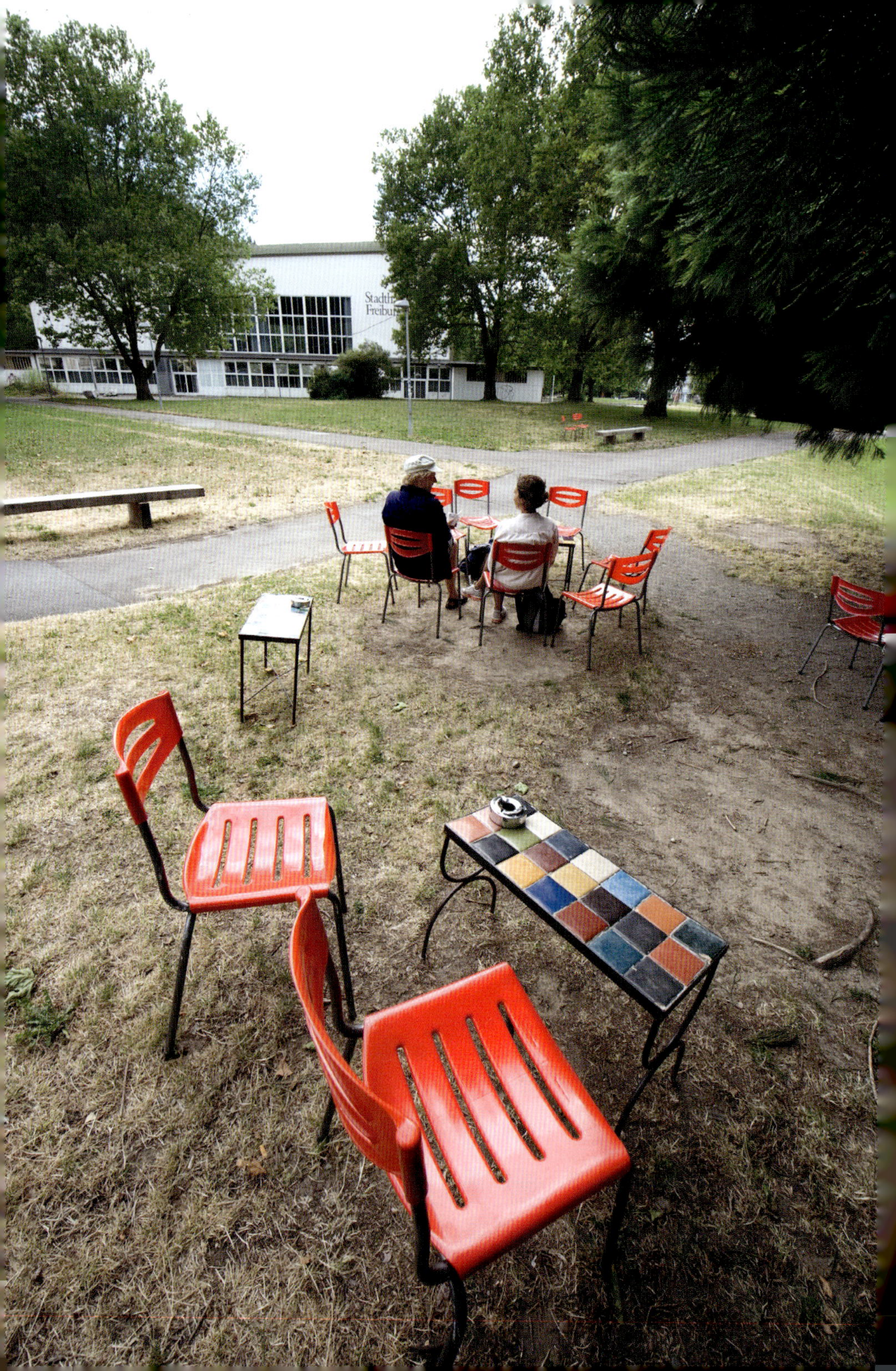

Der Osten

Eingefasst von Schwarzwaldhöhen liegen in Freiburgs Osten einige der beliebtesten Stadtteile: die Oberau in der Nähe der Dreisam, der Stadtteil Waldsee mit seinem See, der Musikhochschule und den Sportanlagen sowie Littenweiler mit der Pädagogischen Hochschule – und mittendrin die Stadthalle am alten Messplatz.

Leicht und schwungvoll, 1954 mit dem optimistischen Geist der Wirtschaftswunderjahre errichtet – noch steht sie. Doch schwerkrank soll sie sein, einsturzgefährdet. Betreten verboten! Nur unter größten Vorsichtsmaßnahmen durften Musiker ihre dort deponierten Instrumente herausholen. Seither hört man wenig. Ob Spekulanten schon auf den Einsturz warten?

Man kann sich den Freiburger Osten nur ganz schwer ohne dieses markante und identitätsstiftende Gebäude vorstellen. Sollte sich denn keine Aufgabe dafür finden?

Bauerntafel auf St. Barbara
Tafeln im Grünen

Im Wald einkehren und trotzdem in der Stadt bleiben – das geht auch in St. Barbara. Die Waldgaststätte ist eine willkommene Alternative zu den ähnlich stadtnah gelegenen St. Valentin und St. Ottilien.

Vor fast 20 Jahren wurde das in den 70ern geschlossene Ausflugslokal nach einem 30-jährigen Dornröschenschlaf wieder wachgeküsst. Das ist Jörg Schneider zu verdanken. Der Winzersohn ließ das alte Haus nach eigenen Ideen aufwendig sanieren.

Mit viel Gespür für die Natur und unter Verzicht auf Schwarzwaldkitsch wurden Gebäude und Gastraum neu gestaltet – mit selbst geschlagenem Holz. Die großen Türen lassen sich auf der gesamten Seite zur Terrasse hin öffnen. Bouleplatz, Esel und Ziegen sorgen für Gemütlichkeit und Bespaßung von Groß und Klein, falls es nötig sein sollte.

Bauernglück an der Barbara-Tafel
Bauerntafel nennt Jörg Schneider das Küchenkonzept. Es setzt voll auf den Trend zu kleinen Portionen und zum Wunsch der Gäste, zu probieren und zu kombinieren.

Wer an der Bauerntafel Platz nimmt, hat die Wahl aus rund 25 kleinen Gerichten, den „Schwarzwälder Tapas". Und die haben es in sich. Vorbildlich ist der Bibiliskäs. Denn der wird hier aus frischer Milch selbst gemacht und nicht wie sonst aus Quark zusammengerührt. Wir essen hier keine plumpsige Masse, das Ergebnis ist leichter und hat eine etwas körnige Textur. Sehr delikat!

Nicht nur schön fürs Federvieh – auf St. Barbara kann man sich's gut gehen lassen.

Direkt aus Milch gewonnener Bibiliskäs

Ziegenkäse mit Feige

Tapas und mehr

Und so setzt sich das fort. Das Meiste, was wir probieren, schmeckt besser als gewohnt, ob es die großartigen Flammenkuchen sind (6,50 Euro), die Wildterrine (12,50 Euro) oder der Ziegenkäse mit dem Feigen-Walnuss-Krokant (10,50 Euro). Wir wissen nicht, welche Schwarzwälder Bauern einst bei Feigen-Walnuss-Krokant getafelt haben, aber es müssen glückliche Bauern gewesen sein.

Auch ein Schäferwagen steht auf dem Gelände, der von Jörg Schneider selbst ausgebaut wurde. Er lässt sich für kleinere Zusammenkünfte mieten – zu einer fröhlichen Runde, bei einem Fondue etwa.

Es ist klar, dass die leckeren Markgräfler Weine des Familienweinguts zum Ausschank kommen. Ein Viertel Gutedel bekommt man für 4,70 Euro, einen Spätburgunder für 6 Euro. Ein großes Waldhaus Pils kostet 5 Euro, eine Flasche Mineralwasser 4,80 Euro (0,5l).

St. Barbara ist auch ohne größere Vorplanung in 20 Minuten von Littenweiler aus gut zu Fuß zu erreichen.

Bauerntafel auf St. Barbara

Sonnenbergstraße 40
79117 Freiburg
0761-6967020
www.bauerntafel-freiburg.de

April bis Oktober: Mi bis Sa 15 – 22 Uhr
November bis März: Do bis Sa 15 – 22 Uhr
So 12 – 22 Uhr

LITTENWEILER

Bergäcker Café
Kuchen wie von der Oma

Das Bergäcker Café ist ein junges Café an einem alten Platz. Idyllisch zwischen hohen Bäumen gegenüber dem Friedhof in Littenweiler gelegen und ganz nah an der PH hat Katrin Lippmann ihren Traum von einem eigenen Café verwirklicht.

ältere Leute anzieht. Doch mittlerweile hat es sich als Treffpunkt von PH-Studierenden etabliert. Nah genug an der PH, um schnell herüberzufahren, und weit genug weg, um Abstand vom Studium zu gewinnen und durchzuatmen. Oder in entspannter Atmosphäre weiterzuarbeiten: Denn es hat sich herumgesprochen, dass die Terrasse ein idealer Arbeitsplatz für Lerngruppen ist.

Die Frauen um Katrin Lippmann konzentrieren sich auf das Machbare und machen es so perfekt wie eben möglich. Einfache Kuchen sind im Angebot, keine voluminösen Torten. Ab halb acht wird gebacken und um zehn geht es los. Und damit es nicht zu sehr in Stress ausartet, wechseln sie sich damit ab.

Genuss ohne Reue
Ob Zitronen-Tarte, Elsässer Apfelkuchen, Schokoladenkuchen oder Kirsch-Mandel-Streuselkuchen, sie schmecken alle großartig frisch. Der Clou auf der Karte ist die Trilogie, das sind drei schmale Stück-

Trilogie – drei Stückchen fast zum Preis von einem

Die Littenweilerin wurde bei einem Spaziergang auf den geschlossenen, ehemaligen Blumenladen aufmerksam. Die Idee vom eigenen Café kam allerdings lange zuvor in Neuseeland auf, wo sie kleine gemütliche Cafés lieben lernte.

Fast wie zu Hause
Der Raum ist hell und freundlich und gewährt durch die großen Scheiben des ehemaligen Blumengeschäfts einen erholsamen Blick in Richtung Friedhof mit seinem vielen Grün. Die großen Bäume auf der Terrasse helfen als natürliche Schattenspender. Sie machen Sonnenschirme überflüssig. Man sollte annehmen, dass ein Café vis-à-vis dem Friedhof vor allem

Katrin Lippmann stammt aus Littenweiler

Erholsamer Blick ins Grüne – die Terrasse des Bergäcker Cafés

chen Kuchen zum Preis von 5,50 Euro. So kann man mehrere Kuchen probieren, falls die Wahl schwer fällt, ohne der Figur und dem Geldbeutel allzu viel zuzumuten. Die Trilogie darf man sich auch zu zweit oder dritt teilen, wenn es ganz schlank bleiben soll.

Das Angebot – süß und herzhaft
Kuchen kosten 3,90 Euro. Frühstück bekommt man in spartanischen und opulenteren Variationen ab 2,50 Euro. Wer etwas Herzhaftes mag, nimmt Panini oder eine Suppe (beides 6,90 Euro). Der Mittagstisch ist fast immer vegetarisch oder vegan: Quiche mit Salat, Currykartoffeln (8,50 Euro) oder ein Salatteller. Täglich auf telefonische Reservierung gibt es Table Brunch (19,90 Euro).

Milchkaffee, oder auch einen portugiesischen Galao bekommt man für 4,20 Euro. Der Kaffee ist bio. Schwarz- und Grüntee, fair und öko, von der „Teekampagne" gibt es für 3,80 Euro.

Bergäcker Café

Kunzenweg 3
79117 Freiburg
0761-42967070
www.bergaecker.de

täglich 10 – 18 Uhr

LITTENWEILER

Café Ruef
Im Naherholungsgebiet

„Wer Hilde nicht kennt, hat Freiburg verpennt." Hilde, der legendären Wirtin des alten Café Ruef, begegneten Freiburgs Nachtschwärmer vor Zeiten im Morgengrauen, weil für das Café Ruef die Sperrstunde nicht galt, denn es war eine Bäckerei. Alles, was nicht nach Hause wollte, traf sich dort und und wurde von Hilde bewirtet, mit Schinken-Käse-Croissants oder Würstchen. Lang ist das her. Das Café Ruef mit seiner ganzen Patina lebt weiter – mit Florian Bartsch, der es vor acht Jahren übernahm. Levin Saffe stieg 2018 als Partner mit ein.

Der Crowd Pleaser
Vom alten nachtschwärmerischen Geist hat sich das Café Ruef einiges bewahrt: Freitags und samstagsabends wird aufgelegt, und ein großes Angebot an Drinks findet Freunde, darunter der beliebte „Schröder", den Barmann Jonathan ein wenig erläutert: Basis ist ein „schwarzteeinfusionierter Wodka", dazu kommen blanchierte Minzblätter, Zitrone, Mate und Soda. Ein „Crowd Pleaser" sei der Schröder, weil er „wach und betrunken, gleichzeitig" mache, das "gab's bisher nur in ekelhaft als Wodka-Bull". Nichts wie hin!

Charmante Küche, beiläufig inszeniert
Levin Saffe steht vor allem auch für die gute Küche des Café Ruef. Zu Gast als Elektronik-DJ bei einer der vielen Kellerpartys fand er per Zufall zu seiner neuen Lebensaufgabe. Dabei ist er, trotz seiner 33 Jahre, als Koch schon ein alter Hase. Wie er selbst haben alle Köche aus dem Café Ruef in guten Häusern gearbeitet: einer bei Douce Steiner, zwei im Colombi, und Saffe hat im Hirschen in Lehen gelernt.

Florian Bartsch & Levin Saffe

Cataplana – portugiesisch mediterraner Eintopf

Barmann Jonathan und Lieblingsgast Anja

Die gute Küche wird im Ruef ganz beiläufig zelebriert, mit mediterran angehauchten Gerichten, auch Pizza und Pasta. Mit dem Blick aufs junge Publikum ist man im Zweifelsfall lieber vegan auf der Karte, und auch die Preise heben nicht ab.

Gourmet-Abende zum Austoben
Alle paar Wochen sonntags, „damit die Köche sich mal richtig austoben können", und ihr ganzes Können zeigen, veranstaltet das Ruef einen Gourmet-Abend: Fünf Gänge mit Getränken für 88 Euro.

Wer vorher mal kosten möchte, dem seien die fantasievollen Pastagerichte empfohlen, oder das Pistazieneis mit Fleur de Sel, es ist bestimmt eines der besten unter dieser Bezeichnung.

Das kann man im Sommer auch draußen hinter dem Haus genießen. Dort, im Granatgässle, hat sich seit ein paar Jahren eine kleine Genuss- & Amüsiermeile etabliert, bestehend aus Café Atlantic, Café Fino und dem Café Ruef. Wer nicht allzu weit um sich schaut, kann sich wie in Südfrankreich vorkommen.

Café Ruef

Kartäuserstraße 2
79102 Freiburg
0761-7789859
www.ruef-naherholung.de

Mo 18.30 – 1 Uhr
Di, Mi, Do 18 – 1 Uhr
Fr, Sa 18 – 3 Uhr
So Ruhetag

Ouzeria
Hellas light

Die Küche Griechenlands spaltet die Geister: zu fett, zu fleischlastig und zu einfallslos war das gängige Vorurteil, und man denkt an Moussaka und Souvlaki. Andere Stimmen attestieren der Küche Griechenlands, eine der gesündesten auf der Welt zu sein. In der Ouzeria überzeugt Ioannis Papageorgiou seit einigen Jahren Freiburgs Genießer von Letzterem. Mit Leichtigkeit, immer frischem Fisch im Tagesangebot und viel weniger Fleisch. Drinnen und draußen macht die ehemalige Sonne dem früheren Namen Ehre, mit klaren Linien, Holz, viel Licht und schattenspendendem Garten. Die Nachbarschaft hat er von Anfang an überzeugen können.

Bliquri, der griechische Couscous
Typisch für diese Richtung sind Zucchini mit Bliquri & Scampi. Bliquri ist die griechische Bezeichnung für Couscous, was zeigt, wie sehr die Küchen ums Mittelmeer voneinander profitiert haben. Bliquri muss quellen, um zu garen und kann dabei Aromen aufnehmen. Safran und Olivenöl formen die Geschmacksnoten. Der fertige Couscous wird dann in Scheiben einer längs geschnittenen Zucchini eingerollt. Eine klassisch mediterran in Öl, Thymian und Knoblauch gebratene Garnele ist der Clou dieser Vorspeise, die schnell zubereitet ist und köstlich schmeckt.

Für Einsteiger
Mit einem Vorspeisenteller fahren alle richtig, die neu in der Ouzeria sind und alle, die sich nicht entscheiden können. Auf der üppigen Platte finden sich gegrillte Paprika und Zucchini, Auberginenmus, Schafskäsecreme, eine Kaviarcreme mit Namen Taramas, Zaziki, Lachs-Creme, Babycalamari, Scampi, verschiedene Hartkäse,

Ioannis Papageorgiou – Koch und Chef in der Ouzeria

Nur ab und zu: Zucchini, Bliquri & Scampi

Galaktoburiko – Grießbrei mit Orange

panierter Feta und mehr. Für 17 Euro bekommt man einen guten Eindruck von der Küche der Ouzeria.

Wer sich immer schon gefragt hat, warum griechischer Schafskäse einen kleinen Anteil Ziegenmilch enthält, hier die Erklärung aus der Ouzeria: Die schlauere Ziege dient als Leittier der Schafherden. Sie wird mit den Schafen gemolken, Ziegen- und Schafsmilch vermischen sich.

Ein Extra-Tipp für Schleckermäuler
Sollte man nach all dem Herzhaften noch Appetit auf Süßes verspüren, so sei ein Galaktoburiko empfohlen, ein mit viel Orange aromatisierter Grießpudding in Blätterteig. Seine Zubereitung ist höchst aufwendig, damit viel vom Orangen- und Zitronenaroma darin hängenbleibt. Am Ende der Prozedur wird er in reichlich Zuckersirup getränkt und – man ahnt es schon – das macht ihn zu einem sehr süßen Dessert und rückt das Rezept in die Nähe der türkischen Nachbarn mit ihrem Baklava, wenngleich er um einiges feiner schmeckt.

In der Ouzeria bleibt die Küche durchgehend den ganzen Nachmittag über geöffnet.

Ouzeria

Lindenmattenstraße 4
79117 Freiburg
0761-61291739
www.ouzeria-freiburg.de

Mo bis Sa 12 – 22 Uhr
So 12 – 21.30 Uhr
kein Ruhetag!

Biosk
Im Herz von Freiburg-Ost

Wenn ein Mittelpunkt für den Freiburger Ostens zu finden wäre, so würden viele den Biosk nennen. An erster Stelle natürlich David Kienzler, der das prima fluppende Café vor fünf Jahren „rechtzeitig zum 10-jährigen Jubiläum" übernahm. Und schon aus gastronomischer Sicht hat er recht: Der Biosk ist weit und breit das einzige Café im dünn bewirteten Freiburger Osten.

David Kienzler

David Kienzler hat die Sonne im Herzen. Er wollte schon immer in die Gastro, studierte aber zuerst Medien- und Kommunikationswissenschaft, nicht ganz abwegig, denn gute Kommunikation ist lebenswichtig für einen Wirt. „Eigentlich bin ich dafür bekannt, mich immer zu verquatschen". – Keine Sorge, David, wir sind ja unter uns.

Kiosk mit Charisma

„Irgendwann", so war der Plan, „werde ich nach Freiburg ziehen und für immer bleiben". Mit dem Biosk übernahm er ein Lokal mit Charisma. Der kleine, ehemalige Kiosk stammt vermutlich aus den 60er Jahren. Bewacht wird er von drei riesigen Mammutbäumen, die auch den Gästen des Cafés natürlichen Schatten spenden.

Noch nie habe er an einem Platz gearbeitet, wo so viele angenehme Menschen auflaufen, sagt David.

Sehr unterschiedliche Leute kommen hier zusammen. Neben jungen Familien, die hier reichlich Stellplatz für ihre Fahrradanhänger finden, sind es Studierende von der Musikhochschule gegenüber, oder Musiker von der Ensemble-Akademie, wo die renommierten Freiburger Barockorchester und das Ensemble Recherche proben und gelegentlich auch Konzerte geben.

Sie treffen auf Ruheständler aus dem Viertel. Sie treffen auf nicht wenige Rennradfahrer und Montainbiker, deren Trails hier beginnen. Auch SC-Prominenz gibt sich ein Stelldichein, die Spielerinnen gehören zu den gern gesehenen Gästen, genau wie Julian Schuster, Johannes Flum und andere reifere Kollegen von den Herren.

Der Biosk – Mittelpunkt von Freiburg-Waldsee

Schatten unter riesigen Mammutbäumen

Mit der Schwarzwaldstraße im Rücken und dem verheißungsvollen Grün vor Augen besteht am Biosk die allergrößte Versuchung, aus dem schnellen Espresso im Stehen eine längere Siesta auf der Wiese werden zu lassen. Oder sich ein wenig zu bewegen: Ein kleiner Bouleplatz lädt dazu ein.

Ein Ort leiser Melancholie ist es dennoch: mit etlichen Papstbänken, die vor sich hin gammeln, einer Wendeschleife der Straßenbahn, und vor allem der traurigen, von einem Bauzaun umstellten Stadthalle. Es ist eine Szenerie im Wartestand, aus der sich etwas machen ließe, „ein bisschen Leben in den Park bringen", sagt David: Flohmarkt, Büdchen, Konzerte – man darf träumen.

Süß, herzhaft und bio
Ein Espresso kostet 2,10 Euro, Cappuccino 3,20 Euro, Apfelschorle 3,60 Euro. Eine Quiche bekommt man für 5,50 Euro, die Suppe für 6 Euro – alles bio natürlich.

Biosk

Schwarzwaldstraße 80a
79117 Freiburg
0761-3843804
www.biosk.eu

Mo bis Fr 8.30 – 17 Uhr
Sa, So 10 – 18 Uhr
Winterpause immer von Ende Dezember bis Ende Januar

WALDSEE

Pizzeria San Marino
Gutbürgerlich italienisch in Littenweiler

In der beschaulichen Hansjakobstraße verbirgt sich eine Bastion italienischer Kochtradition. Das Ristorante San Marino ist in einem unscheinbaren 50er Jahre Wohnhaus untergebracht. Das macht neugierig. Darf man hinter der Tür ein Italienidyll der 50er Jahre erwarten, mit rotweiß karierten Decken, riesigen Chiantiflaschen im Bastkleid und den betörenden Gesängen Peppino di Capris, Adriano Celentanos und Rocco Granatas?

Nicht ganz. Denn drinnen ist das San Marino ein Kind der 80er. Dunkle Holzvertäfelungen, cremefarbene Decken, Gediegenheit überall und aus dem Lautsprecher stimmt Eros Ramazotti die Magenwände auf kommende Freuden ein. Erstaunlich betriebsam ist es mittags. Gutsituierte Rentner aus den Littenweiler-Häuschen drumherum sind es, die hier speisen.

Pizza Napoli – mit perfekter Wölbung am Rand

Regina Margherita
Francesco Caridi macht in seinem Ristorante San Marino in Littenweiler ausgezeichnete Pizza nach neapolitanischem Vorbild. Hier steht jemand in der Küche, der weiß, wie man einen Pizzateig zu behandeln hat.

Ideal aller Pizzen ist die Margherita. Sie heißt hier im San Marino Regina. Denn Namensgeberin Margherita war eine Regina, eine Königin, die 1889 zu Besuch in Neapel war. Eine Königin mit Lust auf Pizza. Und Pizzaiolo Raffaele beglückte sie mit einer Pizza in den italienischen Nationalfarben: mit roten Tomaten, weißem Mozzarella und grünem Basilikum, die Geburt der Pizza Margherita. So die Legende.

Ein idealer Pizzateig ist dünn, sehr dünn und knackig, dabei aber nicht bröselig – elastisch, aber nicht labbrig. 290 Gramm darf eine Kugel Teig haben – mehr nicht. So ein leichter Teig trägt etwas Sugo, Mozzarella, ein paar Sardellen oder Oliven, aber nicht die aufgepimpten Beläge nach ame-

Die Riesen-Dorade, sie passte nicht ganz aufs Bild.

Francesco Caridi

rikanischem Geschmack. Die Pizzakarte ist kurz. Pizza bekommt man hier ab 9 Euro. Außer Pizza führt Caridis Speisekarte alle Klassiker der italienischen Küche auf, darunter Vitello Tonnato (18,90 Euro), Lasagne (13 Euro), Spaghetti Bolognese (11,50 Euro), Saltimbocca romana (27,50 Euro).

Es geht aber auch ganz anders. Ein Stammgast spaziert gleich in die Küche, um zu erfahren, was Francesco heute Leckeres für ihn hat. Eine Dorade ist es, den er für seinen Stammgast brät, und am Tisch auseinander nimmt. Sensationell ist das Olivenöl aus Kalabrien, das darübergeträufelt wird.

Der prima Espresso von der Rösterei Montano kostet 1,80 Euro. Offene Weine in rot und weiß bekommt man ab 6,50 Euro, das Viertel. Wasser (0,4l) kostet 3,90 Euro, ein kleines Ganter Bier 3,80 Euro.

Pizzeria San Marino

Hansjakobstraße 110
79117 Freiburg
0761-69420

Di bis So 11.30 – 14.30 & 17.30 – 23 Uhr
Küche bis 22.30 Uhr
Mo Ruhetag

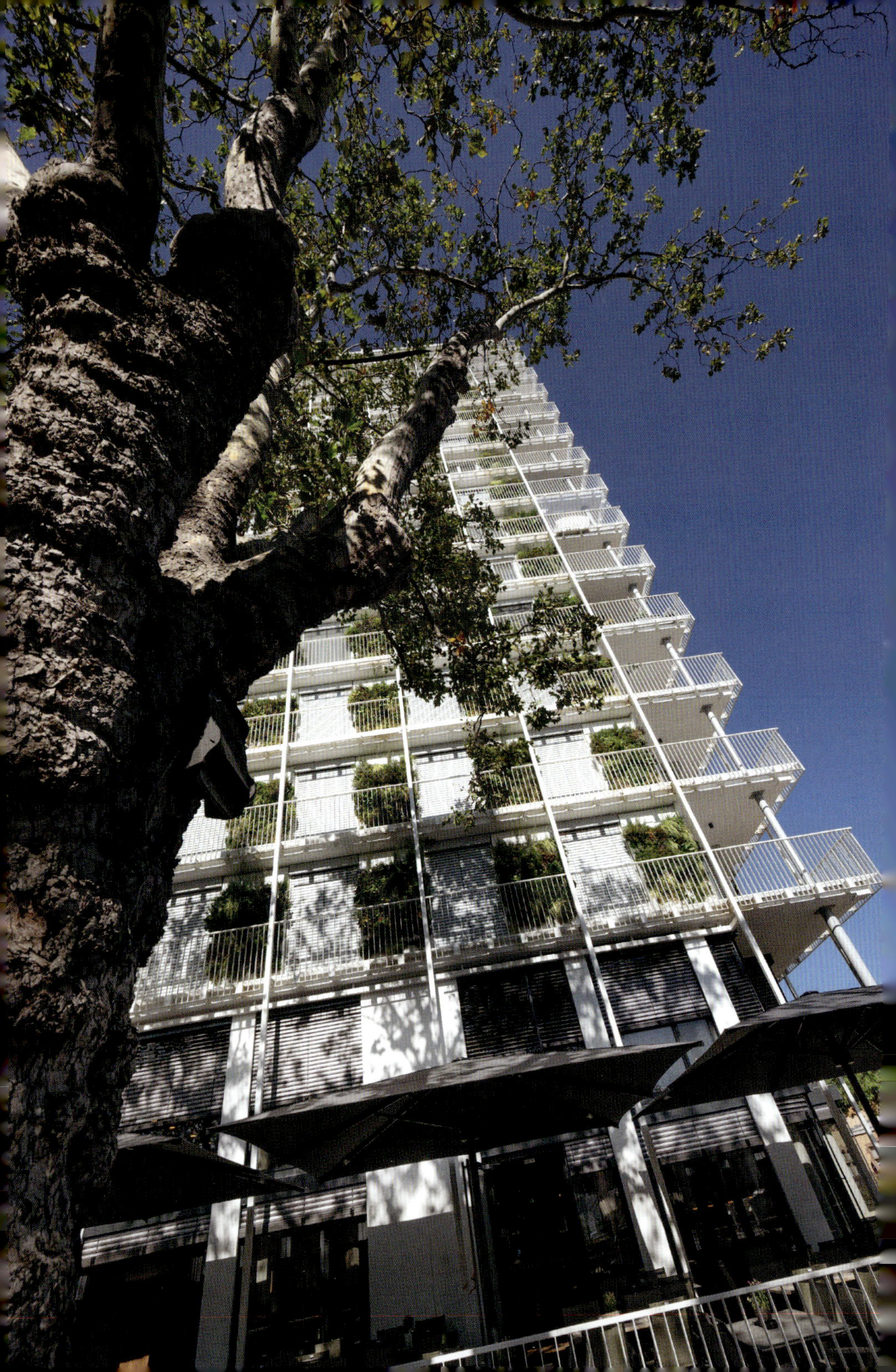

Der Norden

„Green" ist es geworden am Güterbahnhof im Nordwesten. Tower-Power mit ein wenig Fassadenbegleitgrün, und vor allem Schießschartenfenster prägen den neuen Stadtteil. Wird man diesen Stil irgendwann einmal schön finden?

Bis es soweit ist, bleiben zum Gernhaben die östlich gelegenen, bürgerlichen Viertel Neuburg, Herdern und Zähringen – mit ihren gediegenen Häusern zum Teil in schönster Hanglage. Freiburgs Norden umfasst sehr unterschiedliche Stadtteile. Westlich liegen die einfacheren Straßenzüge der Beurbarung und das Industriegebiet Brühl, zu dem auch der Güterbahnhof gehört.

Restaurant Rose
Mit dem Sound der Garküchen

Eigentlich sollte ein Café daraus werden. Wie gut, dass es anders kam. Denn im ehemaligen Blumengeschäft in der Stefan-Meier-Straße wird laotisch gekocht. Die leichte und frische Küche ihrer Heimat hat die Köchin Somphon Schippers mit setzt, wozu auch der Lärm vom Straßenverkehr einiges beiträgt. Mittags trifft man viel akademischen Mittelbau und Studierende von den nahe gelegenen Uni-Instituten an.

Wissenswertes mit Frau Schippers
Ihre Kochkurse hat Frau Schippers inzwischen aufgegeben, aber wer etwas über laotische Küche erfahren will, bekommt klare Antworten. So erfahren wir, dass die laotische Küche nur mit der thailändischen Küche verwandt ist, und nicht mit der vietnamesischen, obwohl das Land genau zwischen den beiden Ländern liegt. Anders als Thailand besitzt Laos aber keinen Zugang zum Meer, deshalb fehlen in

Ente, laotisch

Erfolg in Freiburg etabliert. Direkt an der belebten Stefan-Meier-Straße liegt ihr Restaurant Rose. So ungewöhnlich wie der Ort ist auch das Restaurant selbst. Somphon Schippers kommt aus der Stadt Luang Prabang im Norden von Laos. Sie hat den ehemaligen Blumenladen im Stil ihrer Heimat eingerichtet.

Und sie tut alles dazu, nicht vergessen zu machen, dass hier früher Blumen verkauft wurden. Denn der helle Gastraum ist mit Blumen reichlich geschmückt. Auf der Terrasse speist man unter exotischen Bäumen und zwischen liebevoll gepflegten Beeten. Man fühlt sich nach Fernost ver-

Fernweh nach Fernost in Freiburg

Somphon Schippers – auf ihren Garten ist sie stolz.

der Landesküche Rezepte für Seefisch, dafür gibt es viele für Flussfische. Süßwasserfische möchte Frau Schippers ihren Gästen wegen der vielen Gräten aber lieber nicht zumuten.

Doch wie in Thailand gibt es auch in Laos die frischen, scharfen Suppen mit Zitronengras, Kokosmilch, z.B. mit Garnelen, als Tom Gaeng Thale oder mit Hühnchen als Tom Gaeng Kha Gay (13 Euro).

Gekocht wie in Luang Prabang

Frau Schippers legt großen Wert auf frische Zutaten, die manchmal trotz gut sortierter Asia-Läden in Freiburg nicht so einfach zu beschaffen sind.

Vorspeisen bekommt man ab 4 Euro, Hauptgerichte ab 10 Euro. Zu empfehlen sind auch Fisch oder Hühnchen im Sesambackteig (11 Euro). „Beer Lao" und thailändisches „Singha"-Bier kosten 4 Euro.

Restaurant Rose

Stefan-Meier-Straße 34
79104 Freiburg
0761-2852618

täglich 11 – 23 Uhr

Zähringer Burg
Die Schnitzelinstitution

Gute Nachricht für alle Freunde des Gasthauses Zum Ochsen. Das Schnitzelparadies bleibt erhalten und ist nur umgezogen in die Zähringer Burg, mitsamt seines Kochs Michael Winterhalter, der sich über viel mehr Platz in Küche und Gasträumen

Michael Winterhalter

freut. Wenn badische Küche einen guten Ruf genießt, hier in der Zähringer Burg kann man erleben, warum das so ist. Michael Winterhalter ist einer der wenigen, die sich wirklich darum kümmern.

Vorbildlich gutbürgerlich
Bemerkenswert ist die Konsequenz, mit der, in einem einfachen Gasthaus, gutbürgerliche Kochtraditionen am Leben erhalten werden. Zu Recht ist Winterhalter stolz auf seine „fritteusenfreie Zone". Den Schnitzeln merkt man nicht an, dass sie „bloß" vom Schwein kommen, so zart sind sie. Und wo sonst bekommt man so einen feinen warmen Kartoffelsalat, der die ba-

dische Qualitätsauszeichnung „schlonzig" auch wirklich verdient? Dass er in der Zähringer Burg so gut schmeckt, hängt sicher mit der frisch gekochten Markknochenbrühe zusammen, mit der die warmen Kartoffeln getränkt werden. Für die Brägele dagegen müssen die gekochten Kartoffeln durchkühlen, damit man sie schneiden und braten kann. Sind sie noch warm, zerfallen sie in der Pfanne.

Badische Heiligtümer
Kartoffelsalat und Brägele sind badische Klassiker, über deren korrekte Zubereitung sich nicht selten erhitzte Diskussionen bei den Eingeborenen entspinnen. Montag ist Nierle-Tag, Donnerstag und Freitag kommt Kalbsleber auf den Tisch. Alles andere wird nach Jahreszeit gekocht. Die Schnitzel, Aushängeschild des Restaurants, sind immer zu haben.

Geschichte und Geschichten
Zwar sind die Schnitzel und die badische Küchenkultur gerettet, doch es ist zu befürchten, dass mit dem Verkauf des alten

Kachelofen und Stammtisch

Schnitzel at it's best

Ochsen die über 200-jährige Geschichte dieses Hauses als Gaststätte endet. Eine lasche Handhabung des Denkmalschutzes hat dazu geführt, dass ein Freiburger Gebäude von außerordentlicher baugeschichtlicher, kulturgeschichtlicher und sozialgeschichtlicher Bedeutung der Öffentlichkeit entzogen wurde und der Abriss wesentlicher Teile des Gebäudeensembles befürchtet werden muss.

Dazu gehört die Gaststube mit ihrer Einrichtung, dazu gehört vor allem auch der seltene Jugendstil-Tanzsaal. Das einzige verbliebene Zähringer Gasthaus aus dem Spätbarock war als Wirtschaft außerordentlich. Wer erinnert sich nicht an die ehemalige Wirtin Margarethe Gehri? Wie sie mit ihrem Holzkästle die Gäste persönlich abkassierte, nicht ohne sie gleichzeitig mit Alufolie zu versorgen, damit sie die übrig gebliebenen Schnitzel mit nach Hause nehmen konnten.

Es wäre ein großer Verlust für Zähringen und somit für die ganze Stadt.

Zähringer Burg
Reutebachgasse 19
79108 Freiburg
0761-553860

Do bis Mo 17.30 – 21 Uhr
Di, Mi Ruhetage

Pausenraum
Siesta in der Hängematte

Abhängen, sogar ganz wörtlich, so könnte man das Ambiente im Pausenraum in Zähringen umschreiben. Hier ist Urlaub, und wer einmal in einer der Hängematten auf der Terrasse versunken ist, steht so schnell nicht wieder auf.

Dass alle paar Minuten ein Zug am Pausenraum vorbeirauscht, ist nämlich kaum zu vernehmen. Direkt gegenüber dem Café, doch unsichtbar hinter einer Lärmschutzwand verborgen, verläuft die Hauptstrecke der Rheintalbahn.

Bummelzüge, ICEs, Regionalzüge, Güterzüge wechseln sich hier ab. Für Eisenbahnfreaks müsste es ein wunderbares Spiel sein, die jeweiligen Züge am Geräusch zu erraten. Oder an der Uhrzeit zu erkennen, ob sie pünktlich sind oder einmal mehr mit Verspätung vorbeieilen.

Delikat: Hauslimonade mit einem Stück Kuchen

Der Pausenraum ist, wenn man so will, ein Gegenentwurf zur Deutschen Bahn. Die getaktete Zeit ist außer Kraft gesetzt und Wohlfühlen wird groß geschrieben. Das leise Wuschwuschwusch der vorbeifahrenden Züge ist nur noch Sound, keine Termine, keine Verpflichtungen verbinden sich damit.

Das hat man nicht nur in Zähringen gemerkt. Denn viele Radfahrer entdecken das Café beim Vorbeifahren auf der vielbefahrenen Strecke und legen eine kleine Siesta ein.

Kosmos für Zwischenmenschliches
Seit acht Jahren leitet Wiebke Gerhardt diesen freundlichen kleinen Kosmos, ein offenes Haus für zwischenmenschliche Begegnungen der unterschiedlichsten Art: Kaffeetrinken Mittagessen, Abende mit Konzerten und vieles mehr ist hier möglich.

Wiebke Gerhardt

Im Service – Moon und Irina

Versorgt werden die Gäste mit Süßem und Herzhaftem. Ob Kuchen, Quiches oder Linsensalat – was das Küchenteam des Pausenraums auf den Tisch zaubert, schmeckt gut und nach mehr.

Mittagstisch mit Überraschungsfaktor
Der Mittagstisch wechselt täglich und wird nach Jahreszeit gekocht. Er kostet 13,50 Euro. Dafür bekommt man zum Beispiel Austernpilz-Sashimi mit japanischem Reis oder eine vegane Pizza oder Ofengemüse mit Couscous – immer in Begleitung eines Salates.

Unter den Getränken sei die Hauslimonade empfohlen (4,90 Euro). Einen Cappuccino bekommt man für 3,50 Euro, Kuchen ab 3,50 Euro. Bei einem Stück Rüblikuchen vergisst man ganz schnell, dass hier alles vegan ist – ein starkes Plädoyer für die vegane Küche.

Pausenraum

Burgdorfer Weg 19
79108 Freiburg
0761-51690645
www.pausenraum-freiburg.de

Mo bis Fr 9 – 17 Uhr
Sa, So 10 – 17.30 Uhr
kein Ruhetag

Amici
Das Händchen Gottes

Kirschrot, so heißt die neue Farbe an der Pizzeria Amici, die ganz bescheiden an der Waldkircher Straße in einem Wohnhaus der 50er Jahre untergebracht ist. Von dort schauen Carmen Sanchez und Salvo di Maria zusammen mit ihren Gästen auf die neue Straßenbahn vor der Tür.

Es musste kirschrot sein. Salvo di Maria ist ein leidenschaftlicher Mensch: In Freiburg geboren und aufgewachsen, doch mit sizilianischen Wurzeln – eine vulkanische Mischung aus Bobbele mit reichlich Palermo.

Eine Famiglia – mehr als Amici
Salvo und die mindestens genau so temperamentvolle Carmen Sanchez sind seit 30 Jahren zusammen. Geboren in Badajoz in Spanien, wuchs sie wie er in Freiburg auf. Mit 15 Jahren lernten die beiden sich kennen, schon mit 18 haben sie geheiratet.

Geschmeidig, knusprig und stopft nicht
Kompromisslos ist der Feuerkopf in der Küche, wenn es um seine Pizza geht. Mit ihm sprechen? Auf keinen Fall, er muss sich aufs Kochen konzentrieren, aber später gern, wenn alle Gäste versorgt sind. Wie wir wenig später feststellen, macht er seine Arbeit super, denn der Pizzateig gehört zum besten, was in Freiburg zu bekommen ist: leicht, knusprig und dabei geschmeidig. Er „stopft nicht", sagt ein Stammgast am Nachbartisch.

Wer noch nicht verstanden hat, dass hier ein „100 Prozent Individualist" am Werke ist, merkt es spätestens, wenn die Pizza an den Tisch gebracht wird. Die sieht

Salvo di Maria und Carmen Sanchez

Immer lecker, doch niemals rund

Elisa Cipolla und Carmen Sanchez

so aus „wie Gott sie will", aber niemals ist sie rund. Der „Gott", das ist natürlich Salvo selbst. Obendrauf geht es vertrauter zu mit Margherita, Napoli, Caprese, Funghi. Wenn man will auch eigenwillig: Pizza Patate, mit Kartoffeln. Oder verrückt: eine Pizza-Nutella, die gibt's „wegen unseres Sohns, der so gern Nutella isst".

Erfindergeist auch bei den hausgemachten Pastagerichten: Rigatoni mit Vanille-Vodka oder Tagliatelle alla Pera mit Birne und Gorgonzola warten auf ihre Entdeckung.

Der Wein kommt in schönen Gläsern. Edel gestaltet und in warmen Farben gehalten ist der Gastraum – mit einigen Hinguckern als Deko, darunter drei fahrbereiten Vespas. Mehr werden es nicht, denn sonst „schmeißt meine Frau mich und die Vespas raus".

Trattoria Amici Pizzeria

Waldkircher Straße 59
79108 Freiburg
0761-55632940
www.amici-freiburg.de

Mi bis So 17 – 21.30 Uhr Küchenzeiten
Mo, Di Ruhetage

Bahnhöfle
Frankreich ganz nah

Der französischen Armee verdankt Freiburg einen seiner besten Köche. Thierry Falconnier diente als Wehrpflichtiger vor 50 Jahren in der Vauban-Kaserne und blieb in Freiburg hängen. Seit 15 Jahren kocht er im Bahnhöfle in Gundelfingen pflegt, denn sie sollten gut essen, wenn sie schon fern der Heimat waren. Danach kamen die vielen Jahre in verschiedenen Freiburger Restaurants, in der Eichhalde, im Hotel Schiller und der Kreuzblume in der Konviktstraße. Als ihm die Pacht zu teuer wurde, ergriff er die Gelegenheit, das kleine Bahnhöfle zu übernehmen.

Neben deftigen französischen Küchenklassikern, einem Kalbskopf, einem Lammcarré oder einer Ente mit Honig-Ingwersauce (26 Euro), bekommt man bei Thierry Falconnier auch Badisches wie Ochsenbäckle.

Hier und sonst nirgends
Das Tolle aber ist, dass reichlich Fische und Meeresfrüchte auf die Teller kommen. Seine Fischsuppe, die wie eine Bouillabaisse gekocht ist, schmeckt sensationell und ist mit 14,50 Euro auch noch sehr preiswert. Nur aus wild gefangenem Fisch lässt sich so eine Suppe kochen, doch deren Einkaufspreise sind davongaloppiert.

Keine Bouillabaisse ohne Rascasse

und manchmal denkt er schon ans Aufhören. Nichts wie hin also! Denn Thierry Falconnier ist sozusagen die einzige ständige Vertretung klassischer französischer Kochkunst in Freiburg und Umgebung.

Seine Küche muss sich nicht optisch in Szene setzen, um zu bezaubern. Hier geht es ausschließlich darum, die Produkte, also Fisch, Fleisch und Gemüse so perfekt wie möglich auf den Tisch zu bringen. Schnörkellos. Davon konnten auch schon die Soldaten in der Vauban-Kaserne profitieren, als Falconnier 1972 als Soldat nach Freiburg kam. Die französischen Soldaten in Deutschland wurden exzellent ver-

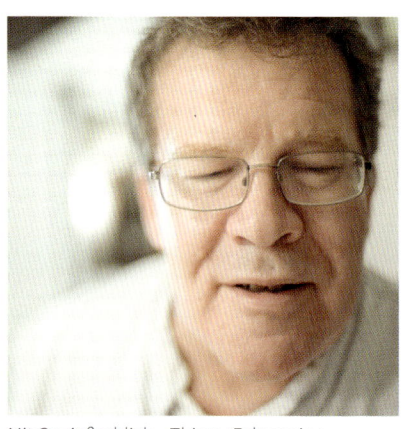

Mit Genießerblick – Thierry Falconnier

Die Fischsuppe – eine Brise Mittelmeer in Gundelfingen

Wer sich mal zu Hause an so einer Suppe versucht hat, weiß, was sie an Arbeit bedeutet. Kiloweise werden Köpfe und Gräten ausgekocht und durch ein Sieb passiert. Dabei ist es so gut wie unmöglich, in Freiburg die nötigen Fische zu besorgen, einen Drachenkopf etwa.

Zu dieser Suppe gibt es traditionell eine Rouille, das ist eine Knoblauch-Chili-Kartoffelpaste, die man in die Suppe hineinrührt. Allein schon für diese raffinierte Suppe lohnt der Weg nach Gundelfingen. Fast immer sind hier auch Austern zu haben. Für ein Restaurant dieser Klasse sind die Getränkepreise fair – mit moderaten 5 Euro für ein Viertel Gutedel fängt es beim Wein an.

Gut zu erreichen
Das Bahnhöfle ist zwar keine Bahnhofsgaststätte, aber es liegt – wen wundert's – unmittelbar am Gundelfinger Bahnhof. Züge fahren direkt vom Freiburger Hauptbahnhof. In fünf Minuten ist man da. Auch zu später Stunde kommt man bequem wieder nach Freiburg zurück.

Bahnhöfle

Bahnhofstraße 16
79194 Gundelfingen
0761-5899949
www.bahnhoeflegundelfingen.de

Do bis Mo 17.30 – 22 Uhr
So auch 12 – 14 Uhr
Di, Mi Ruhetage

La Finca
Herderns Spanier

So strahlt einer, der sich seinen Lebenstraum erfüllen konnte: Seit fünf Jahren ist Joe Aligbe Chef in der „Finca". Dass er das beliebte Herdermer Lokal einmal übernehmen würde, war nicht absehbar, als er vor 20 Jahren als Spüler dort anfing.

Joe Aligbe – 20 Jahre mit der Finca verbunden

La Finca war von Beginn an eine Erfolgsgeschichte mit Markus Puschas mediterraner Küche aus dem Handgelenk – viele Jahre vor der großen Tapas-Welle. Garten und Veranda der Finca tragen ganz wesentlich zur andauernden Beliebtheit bei, denn man fühlt sich dort wie im Urlaub oder wie bei Freunden daheim. Der Veranda wurde ein festes Dach statt der Markise verpasst. Sie kann auch im Winter genutzt werden, und dient nebenbei ab 21 Uhr als Raucher-Lounge.

In der Küche hat Joe Aligbe, der zuvor im „Castillo" in der Wiehre kochte, an seiner ursprünglichen Wirkungsstätte Bewegung in die Tapas-Auswahl gebracht – mit vielen Eigenkreationen im wöchentlichen Wechsel neben den Klassikern Tortilla & Co.

Tagesgerichte mit Fantasie
So haben wir die Wahl etwa zwischen Kichererbsen mit Serrano oder exotischen, in Orangensaft gekochten süß-scharfen Karotten. Oder Black Eyed Beans mit Süßkartoffeln, nach einem afrikanischen Rezept von der Mama. Aligbe, der in den USA aufwuchs, stammt aus Nigeria. So, wie ursprünglich auch die besonders delikaten Schwarzaugenbohnen, deren süßer Geschmack an Erbsen erinnert.

Um gut zu schmecken, brauchen sie eigentlich keinerlei zusätzliche Würzung. „Man muss sie vor dem Kochen noch nicht einmal einweichen, sondern nur das Kochwasser zweimal wechseln", ist der Zubereitungstipp von Joe Aligbe, der im

Black Eyed Beans, der Geschmack Nigerias

Im Garten der Finca

Übrigen an der mediterranen Ausrichtung der Finca nichts geändert hat. Sepia (10,50 Euro) und Paella (18 Euro) stehen weiter auf der Tageskarte.

Tapas, vinos y cerveza
Und immer im Angebot sind Tapas – für 5,20 Euro die Portion. Klassiker wie Boquerones sind dabei, der Ensaladilla rusa oder auch Hähnchenschlegel. Anderes bekommt man nur ab und zu, wie Muscheln in Wein und Tomatensud.

Bei den Getränken gefällt neben Tempranillo und anderen spanischen Weinen das noch nicht ganz so verbreitete Ketterer-Bier, ein kleines bekommt man für 2,90 Euro (0,3l).

Und das schmeckt besonders gut am Freitagabend bei Live-Musik, jeden letzten Freitag im Monat.

La Finca

Stadtstraße 50
79104 Freiburg
0761-2967229
www.lafinca-freiburg.de

Mo bis Fr 17.30 – 24 Uhr
Sa 17.30 – 1 Uhr
Küche bis 21.30 Uhr
So Ruhetag

Rettich Bar
Esse', trinke', fröhlich winke'...

Wie alt der Spruch ist, weiß niemand mehr so genau in der Rettich Bar. Und wer ihn erfunden hat auch nicht, wahrscheinlich war es bei einem der fröhlichen Feste der Gartenfreunde Freiburg Nord. Dort verlieren sich die Spuren im Nebel, einem leicht

Reichlich, lecker & preiswert muss es sein.

alkoholgeschwängerten ohne Zweifel. Denn so war das nun einmal in der Rettichbar: „Orange', Feige', Dattle', die Rettichbar muss wackle'." Bernd Lutz und Hans Siegel, lange Jahre verantwortlich im Verein, erinnern sich gut an die vielen Feste, zu denen man den selbst gezogenen Rettich mit einem Spiralschneider mundgerecht herunterkurbelte und mit Salz und reichlich Bier verzehrte.

Neuer Wirt mit Erfahrung
Eine ehrwürdige Tradition, die mit Afrim Bakija als neuem Wirt seit einem halben Jahr fortgesetzt wird. Bakija, der aus Skopje in Mazedonien stammt, lebt seit 30 Jahren in Freiburg und hat in vielen Restaurants gearbeitet, darunter lange bei Francesco Caridi im San Marino und auch bei Thierry Falconnier seinerzeit im Schiller-Eck. Nicht ganz überraschend also, wenn Pizza und Schnitzel bei ihm gut schmecken, und dabei auch noch preiswert sind. Die Margherita bekommt man für 6,60 Euro, Schniposa kosten 12,50 Euro.

Ein außergewöhnlicher Ort
Es macht große Freude, einen Abend unter dem riesigen Nussbaum zu verbringen, auch wenn es nicht mehr ganz so wild zugehen mag wie im Kleingartenwesen der 60er Jahre. Denn das „Gewann Hettlinger" ist ein besonderer, lebendiger Ort, ein grünes Dreieck aus 200 Gärten, eingeklemmt zwischen der neuen Messe, der Abfallverwertung und nicht zuletzt den Gleisen der Güterbahn. Unmittelbar am Gartengelände werden die LKWs der roll-

Afrim Bakija, ganz neu im Kleingartendschungel

Orange', Feige', Dattle', die Rettichbar muss wackle'!

enden Landstraße verladen, und so rollen alle paar Minuten die Züge mit den Lastwagen aus Italien kommend an der Hecke vorbei. Als blinder Passagier der LKWs reiste vor ein paar Jahren die Tigermücke ein. Genau hier bei den Gartenfreunden Nord startete sie ihren zweifelhaften Siegeszug in Deutschland, das gilt als sicher.

Seit 1954 gibt es die Rettichbar schon, die Hütte selbst ist noch viel älter. Sie wurde 1933, vor 90 Jahren, am heutigen Flughafen als eine von 40 Hütten für den NS-Reichsarbeitsdienst errichtet. Nach Kriegsende dienten die Hütten als Flüchtlingsunterkünfte, bevor sie den Freiburger Gartenvereinen angeboten und zum Teil umgesiedelt wurden.

Fast alle Hütten sind heute verschwunden, eine weitere befindet sich im Stühlinger, die Gartenwirtschaft Fichterlager.

Rettich Bar

Hermann-Mitsch-Straße 10
79108 Freiburg
0761-21439054
www.pizzeria-rettichbar.eatbu.com

Mo bis Sa 17 – 21.30 Uhr
So 12 – 21.30 Uhr

Norso
Ein Kaffeehaus im alten Papier Wilhelm

Gleich zwei neue Cafés, vis-à-vis in einem Wohnviertel, das ist bemerkenswert. Wenige Monate hintereinander öffneten Tante Emma und Norso 2020 ihre Pforten in Herdern, einem der ruhigsten, von gediegenem Wohnen geprägten Stadtteile. Dort, wo jetzt Kaffee und Kuchen gereicht wird, waren früher populäre Unternehmen aktiv.

Eine Herdermer Geschäftsikone
Fast 100 Jahre lang residierte im heutigen Norso Papier Wilhelm, eine Institution über Herdern hinaus, denn „wenn es etwas in der Stadt nicht gab", so eine Altstadteingesessene, „dann ging man zu Wilhelm in Herdern".

Für den verwaisten Laden war es vermutlich ein Glücksfall, dass Martin und Marius Strub ihn entdeckten. Denn die beiden, Vater und Sohn, renovierten mit ästhetischem Feingefühl und allergrößtem handwerklichen Aufwand. Teile der alten Ladeneinrichtung wurden in Neues verwandelt. Ein Raumteiler entstand aus Fensterstreben. Statt des langgestreckten Originalresens ließ man sich eine massiv eichene, oldschool anmutende Theke zimmern.

Und doch, man könnte sich vorstellen, dass mit der alten Ladeneinrichtung im Original, so wie sie war, mehr vom guten Geist von Wilma und Max Wilhelm geblieben wäre.

Ein Café zu Ehren von Artur Stoll
Stattdessen Artur Stoll: „Der rote Hase", ein Bild des bedeutenden, 2003 verstorbenen Malers, ziert den Raum. Stoll, ein Freund der Familie Strub, nannte sich „de Norso" nach seinem Wohnort Norsingen, ihm verdankt das Café seinen Namen.

Ein gediegenes Kaffeehaus

Für die Ewigkeit gebaut – die Eichentheke

Siesta in der Karlstraße

So luftig und hell wie die Räume und die Terrasse, so schmal ist die Karte: Kaffee, Kuchen, Sandwiches, das war es eigentlich schon.

Doch, was man auch bestellt: Es schmeckt fein. Die Kuchen wie etwa ein Sauerkirschkuchen (3,90 Euro) sind hausgemacht und tragen wie „Rosis Käsekuchen" gelegentlich die Namen der Erfinderinnen aus dem Umfeld der Wirte. Und auch die Wiederbelebung von „Käsestulle" & Co. sind verdienstvoll. So weit, so gut, doch das verbaute Eichenholz trägt schwer an sich selbst und ein wenig mehr Leichtigkeit oder sogar Leichtsinn würde dem Norso gut tun.

Denn Räume und Terrasse bieten einen Rahmen für mehr, etwa einen Abendbetrieb mit entspanntem Biergarten. Bier, Wein und Sekt sind ja schon im Angebot, doch muss man sie vor halb sechs trinken, weil das Café dann schließt.

Norso

Karlstraße 46
79104 Freiburg
0176-81118267

Di bis Sa 9.30 – 17.30 Uhr
So, Mo Ruhetage

Tante Emma
Viel Herz im Droschkencafé

Bei Ramona Lins geht es bunt zu. Die quirlige Burlesque-Tänzerin und Eventmanagerin suchte vor drei Jahren ein neues Feld für sich, als die Events durch Corona weniger wurden. Ihre Tante Emma ist ein vergnüglicher Mix aus essbaren wie nicht essbaren Geschenkideen. Wunderschöne Postkarten sind darunter, die Andreas Back, ihr Sidekick im Café, gestaltet hat. Kaffee, Kuchen und Kaltgetränke nimmt man draußen auf bonbonfarbenen Flokatistühlchen ein.

Eine Schatzkammer für Taxifans
Auch Tante Emma residiert in geschichtsrächtigem Ambiente, einer Kutschengarage. Haus und Hinterhof waren seit 1907 Sitz des früheren Freiburger Taxiunternehmens Kern, mit vielen Erinnerungsstücken dekoriert und heute liebevoll gepflegt von Gerhard Kern selbst. Prachtstück ist ein „Ponton-Benz" aus dem Jahr 1956, mitsamt der kompletten Taxieinrichtung, darunter ein Taxameter, der laut klickend in Mark und Pfennig abrechnet – und einer seinerzeit hochmodernen Funktaxiausstattung. Bevor es das Funktaxi gab, erzählt der 79-Jährige, habe er als kleiner Bub immer in die Stadt rennen müssen, um das Taxi mit dem Vater zu suchen. Damit der auch mitbekomme, dass er neue Fahrgäste habe und wo er sie abholen solle.

Zu bestaunen ist die museumswürdige Sammlung rund um die Taximobilität mit etwas Glück, wenn Gerhard Kern selbst zugegen ist, und das ist gar nicht so selten.

Hofkonzerte im Herbst
Doch der stimmungsvolle Hof des alten Bauernhauses mit den Fachwerk-Laubengängen ist auch ganz für sich einen Blick wert. Und zu genießen bei den Hofkonzerten, die es im Herbst wieder geben wird: Die Jan Ullmann Band wird, wie immer, dabei sein.

Ramona Lins

Mit Funk seit 1961, ein Taxi von Gerhard Kern

Die Karlstraße mit bunten Tischen und Stühlchen – und viel Nachbarschaft unter den Gästen

Speis und Trank

Ramona Lins gönnt ihren Gästen Gesundes fürs leibliche Wohl, am liebsten von Menschen produziert, die sie kennt und denen sie vertraut. Kuchen bekommt sie vom Ramstalhof aus Köndringen und süße und vegane Speisen von „klein und oho" aus Emmendingen.

Burger und Sandwiches gibt es auch (4,90 Euro), und zur kalten Jahreszeit eine warme Suppe (6,50 Euro). Kaffee kommt von der Rösterei Schwarzwild, ein Cappuccino kostet 3,20 Euro, die Limo stammt von Tannenliebe.

Noch im Herbst wird es einen neuen Treffpunkt geben, die „Milchschaumpoesie", ein Mix aus Lesung und Performance, nach der Arbeit um sechs oder sieben. Poetisch schäumen soll dabei auch Sekt, deshalb nur mit persönlicher Einladung.

Tante Emma

Karlstraße 71
79104 Freiburg
0761-28527799
www.tante-emma-freiburg.de

Mo bis Fr 9 – 17 Uhr
Sa, So Ruhetage

ZweiTälerland

Kleine Fluchten

Der Maibaum steht im Simonswäldertal, einem der weniger bekannten Tälern in der Umgebung Freiburgs. Wandern gehen kann man hier und sich verwöhnen lassen, zum Beispiel im Restaurant Hugenhof.

Freiburg ist eine Perle, doch was wäre es ohne seine Umgebung an der Nahtstelle zwischen Schwarzwaldhöhen und der Rheinebene mit den Weinbaugebieten Tuniberg und Kaiserstuhl. Für die Freiburger ist der kleine Ausflug in die Umgebung ein selbstverständlicher Teil des Lebens. Und einige der besten Lokale sind dort.

Mosthof
Das Schwarzwaldidyll

Der Dilgerhof oder Mosthof ist ein tolles Ausflugsziel im Glottertal. Bei den Heizmanns kann man hoch über dem Glottertal bei lecker Apfelsaft, Most und Bauernvesper einen erholsamen Nachmittag auf dem Bauernhof verbringen.

Natur genießen

Ein Ausflug zum Mosthof bedeutet reinste Schwarzwaldidylle. Und eine Reise in die Vergangenheit, denn der Hof von 1802 ist in seiner originalen Bausubstanz in weiten Teilen erhalten. Bei ungemütlichem Wetter kann man sich in der kuscheligen Bauernstube aufwärmen. Aber Ausflüge in den Schwarzwald unternimmt man ja bei schönem Wetter und sitzt auf der großen Terrasse mit dem tollen Blick ins Tal.

Der Dilgerhof – wie der Mosthof richtig heißt – ist ein Bauernhof mit allem Drum und Dran. Katzen schleichen ums Haus. Schafe weiden auf der Wiese nebenan und Hasenställe stehen vor dem Haus. Die Streuobstwiesen laden dazu ein, sich die vielen Sträucher und Bäume einmal genauer anzuschauen.

Darunter sind alte, selten gewordene Apfelsorten: Goldparmänen, Bohnäpfel und die kleinen roten, die Nikolausäpfel heißen, weil sie erst zu Nikolaus reif werden. Bäumchen mit Zibarten stehen im Garten; das sind rare Wildpflaumen, aus denen ein sensationeller Schnaps gebrannt wird. Julia und Stefanie Heizmann zeigen die vielen Pflanzen gerne, wenn sie Zeit haben.

Most, Saft und Zibärtle
Heizmanns Apfelsaft gehört ohne Einschränkung zum feinsten, was unter dieser Bezeichnung angeboten wird. Der herbe Apfelmost, dem zur Milderung auch ein paar Birnen beigemischt werden, ist leicht gewöhnungsbedürftig, aber schmeckt spätestens nach dem zweiten Glas ganz hervorragend, was auch am Alkoholgehalt liegen mag. Absoluter Clou und eine große Rarität ist der Zibärtle-Schnaps für 3 Euro das Glas. Auf der Schlachtplatte geben sich Blut-

Quer zur Faser schneiden, dann schmeckt's

Mit Weitblick ins Glottertal – die Terrasse am Mosthof

wurst, grobe Bauernwurst, Leberwurst, Speck und natürlich Schwarzwälder Schinken ein Stelldichein. Würste und Schinken stammen von eigenen Schweinen, die mit Getreide, Kartoffeln und Magermilch aufgezogen werden. Das Bauernbrot wird selbst gebacken.

Schinken nur quer zur Faser schneiden
Auch wenn etwa die Blutwurst nicht jedermanns Sache ist – hier sind alle Produkte von ausgezeichneter Qualität. Und wie der Speck zu schneiden ist – nämlich dünn und quer zur Faser – erklärt dem unkundigen Gast Frau Heizmann selbst.

Das Stichwort für die hohe Qualität heißt: Nebenerwerb. Die Landwirtschaft muss hier nicht mit letzter wirtschaftlicher Konsequenz betrieben werden. Das kommt allen Produkten zugute und das schmeckt man sofort.

Dilgerhof – Mosthof

Am Kandelbächle 22
79286 Glottertal
07684-1241
www.dilgerhof-glottertal.de

Mo bis Sa ab 15 Uhr
So Ruhetag

Landgasthaus Zur Krone
Aufgeweckt & eingeweckt in Britzingen

Vor sechs Jahren, als sich Sascha Kölsch in der Krone, dem alten Landgasthof in Britzingen einrichtete, war der heutige Erfolg noch nicht abzusehen. Zusammen mit seiner Frau Nadine Werner hatte er sich zuvor in der Krone in Biengen ein Stammpublikum erkocht – mit geradlinigen und mit großer Präzision gekochten Gerichten.

Sous-Vide
Als einer der ersten Köche in der Region praktizierte er die inzwischen so beliebte Sous-Vide-Garung bei niedrigen Temperaturen. Dabei macht es einen Unterschied, ob mit 54,5 oder 55 Grad gesiedet wird. Kölsch hatte schon viele Jahre in großen Häusern gekocht, fünf Jahre im Hotel Bareiss und acht Jahre im Schwarzmatt in Badenweiler. In der Britzinger Kronenküche geht es einfacher zu als in Biengen, doch durch die liebevolle Zubereitung gewinnen auch vermeintlich simple Gerichte zusätzlichen Glanz. Den feinen Unterschied zum Gewohnten macht zum Beispiel kleingeschnittenes Gemüse, das einer Sauce zur Kaninchenkeule zusätzlich Halt und Textur gibt. Man wird sogleich neugierig, was Sascha Kölsch wohl aus Spanferkelbäckchen macht. Oder aus Ochsenmaul- und Wurstsalat, die auf der Karte eines Landgasthofs nicht fehlen dürfen.

Wärmstens empfohlen sei das Apfelkompott. Mit Butterstreuseln überbacken ist es ein Gedicht, sämig, nicht zu süß und sehr aromatisch. Inzwischen spielen auch vegane Gerichte eine große Rolle, die autark entwickelt werden, und nicht etwa Fleischgerichte nachmachen: Linsengerichte, Gemüsesuppen oder Gnocchi.

Sascha Kölsch – aufgeweckte Küche, auch aus Weck-Gläsern

Kaninchenkeule mit Sauce wie zum Löffeln

Apfelkompott mit Butterstreuseln

Wie alle Wirte wurde auch Kölsch vom ersten Corona-Lockdown erwischt: „Wir hatten vor Ostern viel frische Ware eingekauft. Damit sie nicht verdirbt, begannen wir mit dem Einkochen."

Weck-Gläser aus dem „Kronomat"
Daraus wurde mehr – der Verkauf von Weck-Gläsern im Automat vor der Tür fand großen Anklang bei den Gästen, die sich aus dem „Kronomat" ihre Gerichte für zu Hause abholen konnten: Gulasch in Variation, Hackbällchen, Braten und Beilagen, wie Knödel oder Kartoffelsalat, vegane Gerichte und Nachtisch. Der Erfolg hält an, denn auch ohne Kühlung sind die Gläser mindestens fünf Monate haltbar, in Wirklichkeit aber erheblich länger. Und mit rund 10 Euro für ein Hauptgericht für 2 Personen ist das gar nicht mal so teuer.

Klar, noch schöner ist es, am Tisch im Restaurant Platz zu nehmen und sich freundlich auftischen zu lassen. Auch Britzingen selbst lohnt einen Blick, beim Verdauungsspaziergang in den Weinbergen.

Lust auf mehr? Ab und zu finden Schlemmerabende mit zehn Gängen statt, einfach danach fragen.

Landgasthaus Zur Krone

Markgräfler Straße 32
79379 Britzingen
07631-2046
www.krone-britzingen.de

Mi bis So 17.30 – 22 Uhr
Küche bis 20 Uhr

So auch 11.30 – 14.30 Uhr

Waldcafé Faller
Digital Detox im Attental

Das Waldcafé Faller ist ein herrlich entspanntes Café im Attental, ganz in der Nähe Freiburgs. Das Attental ist eines der wenigen touristisch nicht sehr erschlossenen und trotzdem gut erreichbaren Täler. Sogar das Handy hat hier Pause, denn im

Himbeertorte XXL

Tal gibt es keinen Empfang. Das trägt ganz sicher zum Erholungswert bei.

Fallers Café ist ein reiner Familienbetrieb. Matthias Faller backt das Holzofenbrot und kocht die warmen Gerichte. Sein Bruder Franz-Josef ist mehr für die Kuchen zuständig, doch manchmal ist es auch umgekehrt. Vater Franz macht beides. Und Angela Faller organisiert sich zwischen Küche und den Aushilfskräften.

Familiär geht es auch bei der Kuchenauswahl zu. Auf einer bunten Tafel sind sie abgebildet. Um drei Uhr nachmittags ist die Tafel leider schon schwer geplündert. Wir entscheiden uns für eine voluminöse Himbeertorte, die mit ihrer optimistischen Farbgebung auch graue Herbsthimmel Lügen straft und wie von selbst für gute Laune am Kaffeetisch sorgt.

Der kleine Sonntagsausflug
Auch ohne sportliche Ambitionen ist das Attental bequem mit dem Fahrrad zu erreichen. Eine gemütliche halbe Stunde Fahrtzeit muss man von Freiburg aus einkalkulieren, fast ohne Steigungen und ohne größere Orientierungsprobleme.

Einmal mehr gilt hier: Der Weg ist das Ziel. Zunächst geht es an der Dreisam entlang, an Sportinstitut, dem Dreisamstadion und Strandbad vorbei. Und dann immer links halten am Waldrand entlang. Dann biegt man nach wenigen Kilometern links ins Attental ein. Noch einen Kilometer – bei äußerst mäßigem Anstieg – ins Tal hineinfahren und wir stehen vor dem Café Faller. Der Ausflug lässt sich gut mit einem Besuch des Baldenweger Hofs kombinieren, der sich jeden Tag zwischen 9 und 18.30 Uhr besichtigen lässt – um Aug in Aug mit

Matthias Faller

Das Waldcafé im Attental – Zwangspause für Handys

Schweinen, Kälbchen und Kaninchen zu sein. Man kann die Schweine sogar mit Bürsten massieren. Ein Riesenspaß für große und kleine Kinder.

Familienfreundliche Preisgestaltung
Ein Besuch im Waldcafé schont den Geldbeutel. Klassische Obstkuchen wie Apfel-, Heidelbeer-, Rhabarber- und Johannisbeerkuchen kosten 3,10 Euro. Schwarzwälder Kirsch & Co. bekommt man für 3,60 Euro. Ein Schmalzbrot kostet 3,60 Euro. Das selten zu findende köstliche Leberle vom Lamm bekommt man für 13,60 Euro, Schnitzel mit Brägele und Salat kosten 12,90 Euro. Inzwischen führt das Waldcafé auch viele vegetarische Gerichte, darunter eine Salatplatte mit Tofustreifen (12,50 Euro).

Eine Tasse Kaffee bekommt man für 2,50 Euro. Ein kleines Mineralwasser kostet 1,80 Euro. ein kleines Ganter Bier gibt es für 3,10 Euro (0,3l). Ein Viertel trockener Gutedel kostet 4,60 Euro.

Waldcafé Faller

Attentalstraße 7
79252 Stegen
07661-61101

Mi bis So 10 – 21 Uhr
Warme Küche ab 12 Uhr
Mo, Di Ruhetage

Badischer Heldt
Dorfgasthaus am Bach

Nur wenige Kilometer südlich von Freiburg liegt die kleine Gemeinde Au und mittendrin der „Badische Heldt". Das alte Wirtshaus, mit seiner Terrasse unter den Bäumen und dem Dorfbach davor ist schon optisch eine Verführung zum Einkehren. Simon Heldt übernahm das verwaiste Dorfgasthaus vor sechs Jahren und hat hier einen Ort zum Wohlfühlen geschaffen. Einfach soll die Küche sein – und bezahlbar. So tummelt sich auf der Speisekarte neben den badischen Klassikern Käseknöpfle (15,90 Euro), Wurstsalat (10,90 Euro) und Schniposa (16,90 Euro) vor allem Kurzgebratenes: vom Rind, vom Schwein, vom Kalb, und auch vom Hähnchen.

Denn Fleisch ist des Heldts Gemüse, so kochte er zuvor viele Jahre für den Merzhauser Metzger Lehmann, bevor er, der begeisterte Fußballer, für einige Jahre die Sportgaststätte in Wittnau übernahm.

Simon Heldt

Im schmucken Dorfgasthaus am Bach haben sich Wirt und Wirkungsstätte aufs Beste gefunden. Ein Gasthaus zu führen, bedeutet nicht zuletzt: Sorgfalt beim Einkauf. Rumpsteak und Rinderfilet stammen vom Jungbullen, „etwas Zarteres gibt es nicht". Und mittlerweile „kommen viele auch wegen des Kalbfleischs", ergänzt Sarah Maatouk. Die 30-Jährige sorgt in der Küche dafür, dass es rund läuft.

Ohne Sarah Maatouk, ihr Können und ihre große Gelassenheit, ginge hier gar nichts. Seit den Tagen der Wittnauer Sportgaststätte ist sie mit dabei. Sie lernte ihr Handwerk bei Hans Riehle, dem allseits beliebten, seit kurzem im Scherzinger Rebstock aktiven Koch.

Knusprige Grießschnitten
Von ihm stammt das Rezept für die tollen Grießschnitten, die hier ohne Paniermehl in Ei gewendet knusprig gebraten werden – ein Tipp für den Nachtisch.

Köchin Sarah Maatouk & Paul Muresan, Service

Kalbsrahmschnitzel

Apfelküchle

Schnitzeltricks

Doch vor dem Nachtisch verrät uns der Schnitzelmeister ein paar Tricks fürs Braten zu Hause: Das „A und O ist das Plattieren", das maßvolle Klopfen mit dem Fleischhammer, um die Fasern aufzubrechen. „Und immer vor dem Panieren würzen, sonst kommen Salz und Pfeffer beim Schnitzel unter der Panade nicht mehr an."

Nur Salz und Pfeffer, in dieser Hinsicht ist Simon Heldt Purist. Und schließlich noch ein Plädoyer für den Backofen: „Erst Anbraten auf dem Herd, danach zieht's im Ofen in ein paar Minuten gar, und so bleibt's viel saftiger.

Neues Leben für den Dorfbach

Für Simon Heldt und seine Crew läuft es gut in seinem gemütlichen Gasthaus – was hat er noch vor? „Früher war die Wirtschaft bekannt für Forellen." Die wurden in einem Käfig im fließenden Wasser im Dorfbach vor dem Haus frisch und lebendig zum Braten für die Gäste bereitgehalten. „Frische Forellen direkt aus dem Bach, das wär's doch noch."

Badischer Heldt

Dorfstraße 35
79280 Au
0761-61251297
www.badischer-heldt.de

Di bis Sa 17.30 – 23 Uhr
So 11 – 14 Uhr & 17 – 23 Uhr
Mo Ruhetag

Wuspenhof
Im Glottertal – Schwarzwald ohne Schminke

Der Wuspenhof, das ist der ganz andere Schwarzwald. Obwohl im Glottertal gelegen, einem der bekanntesten Täler dank Freiburg-Nähe und Schwarzwaldklinik, hat der Kuckucksuhren-Tourismus den Wuspenhof nie erreicht. An der sonnenabgewandten Südseite des Tals, einsam und nur auf einer nicht geteerten Straße zu erreichen, kann man hier das Landleben von einer spröden, ungeschminkten Seite kennenlernen.

Blasius Hilzinger bewirtschaftet den Hof zusammen mit seiner Schwester Barbara Trutter, seitdem seine Mutter verstorben ist. Noch mit über 90 Jahren kümmerte sich Maria Hilzinger um die Vespergäste und die Pension. Die Zimmer mit Etagendusche sind nicht leicht vermittelbar, auch wenn sie nur 22 Euro kosten.

„Nur Arbeit, und nichts bleibt hängen", war schon das Credo der Mutter. Wer hier über Nacht bleiben will, muss das Vertrauen der Wirtsleute gewinnen. Denn die Hilzingers vermieten eigentlich nur an Stammgäste. Dabei ist alles gerichtet. Die Zimmer sind picobello und riechen frisch. Doch nur zum Vespern finden einige Wanderer und Mountainbiker den Weg zum Wuspenhof.

Warum nicht mal eine Nacht auf dem Wuspenhof verbringen? Auch wenn es den Hilzinger-Geschwistern ein wenig Arbeit macht, im Grunde freuen sie sich ja doch über jeden Gast. Die Chance, zum Jugendherbergstarif einen Schwarzwald ohne die kleinste Konzession an touristische Erwartungshaltungen zu erleben, ist ziemlich einzigartig. Gratis gibt es die gute Luft, die schöne Aussicht und die unvergleichliche Ruhe dazu.

Selbstgemachtes Vesper
Bauernvesper, Speckvesper und belegte Brote stehen auf der Karte. Wurst und Speck sind selbstgemacht und sehr schmackhaft. Das Bauernvesper kostet 9 Euro. Belegte Brote sind für 5,50 Euro zu haben.

Wuspenhof

Ein deftges Bauernvesper

Die raue Landschaft um den Wuspenhof im März

Kaffee gibt's auch. Eigentlich kommt man aber wegen Apfelsaft und Apfelmost hierher. Beides schmeckt grandios und ist spottbillig. Ein Liter kostet 5 Euro. Der Genuss des Mostes dürfte die Fahrtüchtigkeit erheblich einschränken und kann außerdem im Gedärm für Turbulenzen sorgen, also lieber nur ein Glas.

Nicht ausgeschildert
Die Ortschaften Glottertal und Oberglottertal passieren, dann auf das Hinweisschild an der rechten Straßenseite achten. Wenn man nach dem Abbiegen links die Hilzingermühle liegt, hat man alles richtig gemacht und kann auf der Forststraße bis zum Ende weiterfahren. Oder besser wandern, denn sie ist offiziell für den Autoverkehr nicht freigegeben. Bis zum Wuspenhof läuft man eine Stunde.

Ein kurzer Stopp bei der Mühle ist Pflicht. Sie ist aus dem Jahr 1621 und damit die älteste Mühle im Landkreis.

Wuspenhof

Wuspenhof 1
79286 Glottertal
07684-441

täglich 8 – 18 Uhr

Coffee and More
Röstfrisch in Staufen

„Hier gibt's den besten Apfelkuchen!" Die zwei, die das sagen, sind keine Phantasten. Gudrun und Hans Wäldin aus Gundelfingen sind häufig in süßen Sachen unterwegs und heute sind sie 30 Kilometer von Gundelfingen nach Staufen gefahren, um bei Coffee and More Apfelkuchen zu essen, den besten, den sie kennen. Von dem wollen wir natürlich auch ein Stück und tatsächlich, es ist ein Kuchen, der glücklich machen kann: der Apfel mürbe, ein bisschen süß und sauer, rahmig, saftig, hocharomatisch – ein Traum.

Kuchenwunder vom Kaffeeröster
Und er kommt nicht allein, mindestens ebenso verzückt der Käsekuchen: die häufig so plumpsige Quarkmasse ist leicht, ein Hauch Zitrone schwebt darüber. Die Kuchen sind noch warm, sie gehen so schnell weg, dass sie nicht auskühlen können. Schöpfer dieser Kuchenwunder ist Thomas Schüle, im Hauptberuf Kaffeeröster seit gut 19 Jahren – und wäre der Kaffee nicht ähnlich gut wie die Kuchen, wünschte man sich, dass Schüle besser Konditor geworden wäre. So aber genießen wir zum Kuchen einen prima Espresso aus Malabar-Kaffee, Schüles Lieblingssorte, die fast immer hier im Ausschank ist. Malabar hat als reine Arabica-Mischung wenig Koffein im Gepäck und so kann man mehr davon trinken.

Die große Oper
Schüle ist Genussmensch auf vielen Gebieten. Nicht ohne Grund tragen einige seiner Röstungen die Namen großer Opern: Nabucco, Rigoletto, Fidelio. Das gemütliche Café im alten Staufener Haus war ursprünglich Röstwerkstatt, bis die Kaffeeproduktion zu groß wurde.

Thomas Schüle

Liebevoll dekoriert

Ein Cappuccino mit Kaffee aus eigener Röstung

Der beste Apfelkuchen weit und breit

Schüles Röstungen werden nach wie vor im Café frisch abgefüllt zum Mitnehmen für zu Hause. Die beiden, recht unorthodox zwischen Bauernstube und Barock eingerichteten Räume des Cafés sind klein, und so kommen die meisten Gäste wie von selbst miteinander ins Gespräch.

Eine Tasse Kaffee bekommt man für 2,40 Euro, einen Espresso für 2 Euro und einen Cappuccino für 3,30 Euro. Die großartigen Kuchen bekommt man für 4,50 Euro, alternativ auch Croissants für 2 Euro.

Wie schön fügt sich ins Ganze, dass an diesem Sonntagnachmittag die letzten wärmenden Sonnenstrahlen Staufens Gassen in sanfte Farben tauchen.

Coffee and More

St. Johannesgasse 14
79219 Staufen
07633-981824
www.coffeeandmore.de

Mo bis Fr 9.30 – 18 Uhr
Sa 9.30 – 17.30 Uhr
So 12 – 17.30 Uhr

Gasthaus zum Rössle
An der rauschenden Möhlin

In seinen schönen Räumen bietet das Rössle viel mehr als seine herausragende Küche. Die familiäre Atmosphäre und die idyllische Umgebung machen St. Ulrich zum idealen Ort, um Besuch von außerhalb in den Schwarzwald zu entführen.

Rinderkraftbrühe mit Grießklößchen

Der Gastraum in der ehemaligen Klostermühle bietet an großen Tischen viel Platz. Kachelofen, Dielenboden und viel altes Holz an den Wänden sorgen zurückhaltend für Behaglichkeit, ohne dass sich die Familie Sumser bei der Einrichtung aus dem Repertoire der Schwarzwälder Dekorationsfolklore bedienen musste.

Wenn die Sonne scheint, kann man auch direkt an der Möhlin tafeln, dem rauschenden Wildbach hinterm Haus.

Zunächst einmal: Die Küche im Rössle ist wunderbar. Viele Gaststätten reklamieren die so genannte badische Küche für sich – Dominik Sumser realisiert sie vorbildlich. Das merkt man vor allem bei den einfachen Gerichten. Rindfleischsalat und auch Leberle werden schnörkellos gekocht und in perfekter Garung auf den Tisch gebracht. Das findet man selten und das macht den im Vergleich nur wenig höheren Preis mehr als wett.

Gediegene Küche

Dominik Sumsers Schwerpunkt liegt auf den klassischen gutbürgerlichen Gerichten: Leberle mit Champignons und Brägele (16 Euro), Rindfleischsalat (16,80 Euro), Wildschweinragout (24,50 Euro), Schnitzel mit Pommes und Salat (19,80 Euro), Flädlesuppe (6 Euro), Entenbrust mit Rotkohl (32 Euro).

Immer wieder unternimmt der Koch kleinere kulinarische Ausflüge nach Italien und Fernost: Mit einer thailändisch inspirierten Tom Kha Gai, zum Beispiel, einer Kokosmilch-Hühnchen-Zitronengrassuppe (8,50 Euro).

Dominik Sumser

Ente mit Wirsing und Kastanien

Die Weine des Spitzenweinguts Dörflinger sind im offenen Ausschank. Ein Viertel Gutedel bekommt man für 5,30 Euro.

Ein schöner Ausflug
Hätte das Rössle einmal zu, so würde sich ein Ausflug nach St. Ulrich dennoch lohnen. Denn das Möhlintal ist vom Massenausflugstourismus à la Titisee und Glottertal verschont geblieben. Man kann die Natur in völliger Ruhe genießen, spazieren gehen, wandern oder sich die prächtige Barockkirche des Baumeisters Peter Thumb anschauen.

Nach St. Ulrich und zum Rössle kommt man sportlich mit dem Fahrrad oder bequem mit dem Auto. Von Freiburg aus sind es rund zehn Kilometer. Stadtauswärts geht es über Bollschweil, Au und Sölden, dann auf das Schild St. Ulrich achten, links abbiegen und auf der Straße bleiben.

Gasthaus zum Rössle

St. Ulrich 11
79283 Bollschweil-St. Ulrich
07602-252
www.gasthausroessle.de

Do bis So 17 – 24 Uhr
Sa & So auch 11 – 15 Uhr
Küche bis 21 Uhr
Mo, Di & Mi Ruhetage

Café Goldene Krone
Das Vorzeigeprojekt der Landfrauen

Cola? Fehlanzeige. „Wir wollen keine Großkonzerne unterstützen", sagt Walburga Rombach, die von Anfang an im Landfrauencafé mit dabei war. Leidenschaft und Überzeugung regieren hier, das merkt man sofort. Das Projekt der Landfrauen ist einzigartig. Sie wirtschaften ausschließlich

Die Schwarzwälder Kirschtorte

mit regionalen Produkten, das meiste ist bio. Jedes Ei wird einzeln aufgeschlagen, nur natürliche Lebensmittel kommen zum Einsatz – ganz nach dem Grundsatz „eine Kirsche ist eine Kirsche ist eine Kirsche". Das kostet spürbar mehr beim Einkauf und macht auch viel mehr Arbeit. Deshalb ist vieles hier etwas teurer, was aber durch den Wohlgeschmack mehr als kompensiert wird.

In der picobello renovierten, ehemaligen Klosterherberge brummt es, wie eigentlich immer bei schönem Wetter. Die übliche Mischung aus Ausflüglern, Einheimischen und nicht wenigen Radfahrern besetzen fast alle Tische draußen wie drinnen. Fast alle haben zufriedene Gesichter – und das hängt sicher auch mit der Herzlichkeit der Frauen zusammen, die adrett in schwarz-weiß gekleidet den Gasthof bewirtschaften.

Süßes und Herzhaftes von der Karte
Star der Kuchentafel ist der Käsekuchen mit Baiserhaube (3,60 Euro). Er schmeckt extrem gut – frisch und sahnig, zwischen leicht und schwer dezent ausbalanciert und nicht zu süß. Die Schwarzwälder Kirschtorte (4,30 Euro) schmecke ebenfalls sehr gut, wie die Tischnachbarn versichern, und sie sei viel saftiger, als sie aussehe, was auf den großzügigen Einsatz von Kirschwasser zurückzuführen sein dürfte.

Auch Herzhaftes steht auf der Karte. Hausgemachte Suppen sind dabei – täglich wechselnd – etwa eine badische Nudelsuppe mit Rindfleisch (6,90 Euro). Oder Quiche mit Kürbis und Salat (12,90 Euro). Die Spezialität des Hauses ist der Käsemichel (15,50 Euro), eine Art überbackener Münsterkäse mit Johannesbeerenkompott. Die Landfrauen haben ein Patent

Café Goldene Krone – mitten in St. Märgen

Beim Abschmecken: Claudia Rombach und Annette Hog

für dieses Rezept. Von Oktober bis April offeriert das Landfrauencafé sonntags auf Anmeldung ein großes Frühstücksbuffet von 9.30 bis 12 Uhr.

Flüssiges ohne Großkonzerne
Milchkaffee kostet 3,80 Euro. Espresso bekommt man für 2,90 Euro. Die Limonaden werden selbst gemacht. Eine Holunderlimonade kostet 3,10 Euro (0,2l). Bier gibt's auch, ein Bräunlinger Kellerbier kostet 3,20 Euro (0,3l).

Mit dem Auto geht es von Freiburg aus über Ebnet und Stegen nach St. Peter, von dort aus über die schöne Panoramastraße weiter nach St. Märgen. Die Goldene Krone liegt unübersehbar im Ortskern. Fahrtzeit ab Freiburg-Mitte: gut 30 Minuten.

Café Goldene Krone

Wagensteigstraße 10
79274 St. Märgen
07669-9399988
www.cafe-goldene-krone.de

Mi bis Sa 12 – 18 Uhr
So, Oktober bis April: 14 – 18 Uhr
So, Mai bis September: 12 – 18 Uhr

Gasthaus zum Hirschen
Juwel im Kirschblütental

Es gibt Gasthäuser, die eine kleine Reise wert sind, der Hirschen in Obereggenen bei Müllheim gehört dazu. Kirschblütental wird das Eggener Tal bei Schliengen im Süden des Markgräflerlandes auch genannt, denn die Vorberglage ist für ihre guten Kirschen bekannt, deren Bäume im Frühjahr

Pommes aus frischen Kartoffeln, eine Rarität

die Landschaft in ein Meer aus weißrosa Blüten verwandeln.

Mit Nudelsuppe und weißem Tischtuch
Elisabeth und Stefan Brucker zelebrieren etwas selten gewordenes: den gutbürgerlichen Mittagstisch mit weißem Tischtuch, mit Stoffservietten und vor allem mit einer schönen heißen Nudelsuppe, die dampfend in der Schüssel auf den Tisch kommt – und nachher nicht einmal auf der Rechnung auftaucht.

Die Überlegenheit einer Stoffserviette lernt jeder schätzen, der mit der Suppe unachtsam hantiert. Sonntags-Stammgäste stopfen sie, wohl wissend, oben ins Hemd, statt sie auf den Knien auszubreiten.

Eine Rarität – selbstgemachte Pommes
Als wäre die behagliche Gastlichkeit nicht Sonntagsfreude genug, bekommen wir im Hirschen auch noch selbst gemachte Pommes frites serviert. Aus frischen Kartoffeln und zweimal frittiert sind sie eine Rarität. Der wuchtige Hebelschneider für die Pommes frites ist sonntags im Dauereinsatz, denn 40 Kilo Kartoffeln gehen mittags schon mal weg im Hirschen.

Pommes, Suppe, Schnitzel und Braten – es schmeckt vorzüglich und man blickt in freundliche Gesichter rundherum, was auch an Friederike Reichart liegt, die sich seit 30 Jahren um die Gäste kümmert.

Aber was wäre das Ganze ohne Elisabeth Brucker, die seit 36 Jahren am Herd steht,

Elisabeth & Stefan Brucker

Achtung, spritzt! Sonntagmittag nur mit Suppe

Ein Team: Elisabeth Brucker und ihr Holzherd

einem Monstrum mit dicker Eisenplatte, das mit Holz gefüttert wird. Wie alt der ist, weiß Frau Brucker nicht so genau. Schön, dass es ihr immer noch Spaß macht.

Ein Mann in der Frauenwirtschaft
Immer waren es Frauen, die die Küche im Hirschen stemmten, und niemals ausgebildete Köchinnen. Doch in diesem Jahr wurde mit beiden Traditionen gebrochen. Denn mit Stefan Brucker ist zum ersten Mal ein Mann und ein ausgebildeter Koch in die großen Fußstapfen von Elisabeth Brucker getreten – ihr Schwiegersohn.

Und so bleibt die Küche in Familienregie wie schon in den letzten 200 Jahren, seit 1821. Stefan Brucker hat das gut verstanden, und will „auf keinen Fall etwas umkrempeln", doch einmal in der Woche kocht er einen Jus aus Knochen, Gemüse und Wein, 24 Stunden lang, so wie er es gelernt hat, damit auch das Letzte an Geschmack herausgeholt wird.

Elisabeth Brucker bleibt weiter präsent, und so dürfte das Beste von Hausmannskost und Profiküche in der Hirschenküche zusammenkommen – gute Aussichten.

Gasthaus Zum Hirschen

Bürglerstraße 10
79418 Obereggenen
07635-1372

Di bis So 17.30 – 20.30 Uhr
Mi & So auch 11 – 14 Uhr
Küchenzeiten
Mo Ruhetag

Landhotel Krone
Die gute Mischung macht's

Es ist eine Liebesgeschichte. Die Geschichte vom Patrick Rottmann aus Erfurt, der mit 15 Jahren in den bewegten Nachwendezeiten Mitte der 90er Jahre nach Heitersheim kam, in der Krone seine Lehre begann und sich sofort in Friederike, die jüngste Tochter des Wirtes verguckte,

Friederike Rottmann

und sie sich in ihn. Und wie sie, zwischenzeitlich getrennt, nach Lehr- und Wanderjahren in der Krone wieder zueinander fanden, heirateten, drei Kinder bekamen – und nun das Haus schon seit mehr als 15 Jahren gemeinsam leiten.

Glück in der Familie
Das muss man wissen, um zu begreifen, warum in der Krone in Heitersheim so gut gelingt, was in vielen anderen Häusern so schwierig ist: ein Traditionshaus mit Hotel in Familienregie zu führen, mit guter Laune und einvernehmlich mit den Eltern. Denn auch Seniorchef Josef Thoma, der die ehemalige Dorfbeiz seit den 50er Jahren schon kräftig ausgebaut hatte, konnte seinen späteren Schwiegersohn von Anfang an gut leiden.

Gemütlicher Stilmix
Das Haus mit seiner 400-jährigen Geschichte präsentiert sich heute als ein Nebeneinander aus unterschiedlichsten Stilen: einer traditionellen, schwarzwäldrisch angehauchten Gaststube mit Kachelofen, einem Wintergarten mit mediterran inspirierten Arkaden, dem Gewölbekeller aus dem Jahre 1618 und modernen Gästezimmern, die Patricia Thoma, die ältere Schwester von Friederike Rottmann künstlerisch gestaltet hat.

Es ist der gute Familiengeist, der den gemütlichen, bunten Mix zusammenhält, und so strömen auch am Mittwoch die Gäste zahlreich ins Restaurant.

Duo vom Wild: Rehsteak & Wildschweinragout

Gemütlich dinieren am Kachelofen

Patrick Rottmann

Ehrgeizige und leidenschaftliche Küche
Patrick Rottmann führt die Regie in der Küche, die sich unideologisch zwischen Traditionellem und einer mehr und mehr pflanzlich basierten Küche bewegt.

Regionale Traditionsgerichte werden aber nicht verteufelt, dazu essen die Rottmanns selbst zu gerne Fleisch oder Fisch, nur weniger als früher. Deshalb stehen neben vertrauten Gerichten wie einem üppigen Ragout aus Wildschwein und Reh vermehrt vegetarische Speisen auf der Karte wie ein herbstliches Gericht aus sautiertem Rosenkohl und geschmorten Kürbisecken.

Wenn sich tierische Zutaten wie Sahne oder Milch durch pflanzliche ersetzen lassen, so wird es gemacht. Doch schmecken muss es, eine Sauce Hollandaise besteht nun mal aus Butter und Eiern, sonst wäre es keine. „Bei uns stammen die Eier von glücklichen Hühnern", versichert Friederike Rottmann leidenschaftlich, „die laufen nebenan auf der Wiese herum, und meine Kinder kennen sie alle persönlich".

Ob drinnen am Kachelofen oder an einem lauen Sommerabend draußen im Hof: Die ambitionierte Küche der Krone macht großes Vergnügen.

Landhotel Krone

Hauptstraße 12
79243 Heitersheim
07634-51070
www.landhotel-krone.de

Mi bis So 18 – 22 Uhr
zusätzlich So 12 – 14 Uhr,
1. & 3. So im Monat
Mo, Di Ruhetage

Auberge du Moulin
Feinschmeckerküche im Landgasthof

Die Auberge du Moulin ist ein unauffälliges Restaurant. Auf dem Weg von Breisach nach Colmar muss man rechtzeitig rechts abbiegen um nach Widensolen zu gelangen. Besucher, die diesen Weg nehmen, wissen meist, was sie wollen. Für einige ist es die wundertätige, der Wallfahrtsstätte in Lourdes nachempfundene Quelle im Kastenwald, für die meisten Besucher ist die Hauptattraktion die Écurie du Moulin, der Reitstall der Familie Gutleben, samt der Auberge du Moulin, denn es hat sich herumgesprochen, dass man hier allerfeinste elsässische Landküche serviert bekommt.

Ein Paar im Zeichen guter Küche
Vor drei Jahren haben Dominique Gutleben und Anibal Strubinger die Regie in der Auberge du Moulin übernommen, zusammen mit ihren Töchtern Melinda und Angélique. Die Namen lassen diesseits der Grenze aufhorchen, denn das kochende Paar ist unter Feinschmeckern bestens bekannt. Anibal Strubinger leitete über 20 Jahre lang die Michelin-Stern-gekrönte Küche des Schwarzen Adlers in Oberbergen. Seine Frau Dominique Gutleben war 15 Jahre Küchenchefin im Rebstock, dem bodenständigen Pendant zum Schwarzen Adler, direkt gegenüber. Das muss einfach schmecken bei den beiden.

Ein Leben im Schwarzen Adler
Beide betonen ihre Verbundenheit mit dem Adler, wo sie sich kennenlernten. Anibal Strubinger stammt aus Venezuela. Er wuchs in einer Gemeinde von Auswanderern vom Kaiserstuhl auf, daher der Name Strubinger. 1974, mit 19 Jahren kam er als Lehrling nach Oberbergen, um danach sein ganzes Arbeitsleben dort zu verbringen – 46 Jahre, bis auf ein paar Jahre zwischendurch in der Küche von Paul Bocuse.

Dominique Gutleben & Anibal Strubinger

Côte de Boeuf mit Pimientos

Carpe Frite

Heidelbeerkuchen

Ein gut bekannter Geheimtipp
Schon mitten in der Woche füllen sich zur Mittagszeit die luftigen Räume und die Terrasse der Auberge mit vielen Gästen, die das dreigängige Tagesmenü ordern. Denn das macht aufs Angenehmste satt und ist mit 15 Euro sehr freundlich kalkuliert.

Auf der Speisekarte stehen die deftigen Klassiker der elsässischen Küche, der Eintopf Baeckaoffa, Choucroute oder Carpe Frite. Hier bekommt man auch ein im Ganzen gebratenes Rinderkotelett, das Côte de Boeuf, sowie köstlichen Heidelbeerkuchen. Und, nicht zu unterschätzen, man fühlt sich sofort wohl in der großzügigen Atmosphäre des Hauses. Details erfreuen, wie ein Sonnendach aus Weidenmatten auf der Terrasse, anstelle der üblichen, wenig ansprechenden Sonnenschirme.

Hinterm Haus gibt's viel Platz für Kinder zum Herumtoben, mit einem Klettergerüst auf der Wiese, zwei redseligen Papageien zum Entdecken und Staunen, und zum Gruseln eine schlecht gelaunte, fauchende Gans in einem Verschlag.

Auberge du Moulin

1er, rue RCA
F-68320 Widensolen
0033-389715943
www.restaurant-auberge-du-moulin.com

Mo, Di, Mi, Fr, Sa 12 – 14 Uhr
Mo, Di, Fr, Sa 18.30 – 21 Uhr
So 12 – 16 Uhr
Do Ruhetag – Mi & So abends geschlossen

KLEINE FLUCHTEN

Schweighof
Der Schwarzwald von seiner besten Seite

Ein Ausflugsziel der Extraklasse ist der Schweighof bei St. Ulrich. Ein Gasthaus, das Kohlerhof und Buckhof, die beiden anderen Einkehrmöglichkeiten im Wanderradius, locker hinter sich lässt. Weit über der Möhlin kann man hier Grundsolides

Klaus Molkentin

wie Schniposa oder Bratwürste genießen auf einer Terasse, die zum lustvollen Vertrödeln wertvoller Freizeit einlädt. Schade nur, dass nur noch an zwei Tagen in der Woche geöffnet ist.

Auch wenn sein Vorname nicht Bruno ist, an Bärbeißigkeit lässt sich Klaus Molkentin, der Wirt vom Schweighof, von niemandem übertreffen. Das sollte aber keinen davon abhalten, den Hof zu besuchen. Denn die Aussicht von der Sonnenterrasse ist unvergleichlich. Ein stilles Tal tut sich auf, am Horizont der Belchen. Kühe stehen auf der Wiese, außer einem gelegentlichen „Muh" oder einer Säge von fern hört man nichts – die Idylle ist nahezu perfekt.

Vor gut 15 Jahren wurde im Schweighof groß renoviert. Der verwitterte Charme der alten Terrasse gefiel einigen Gästen besser. Doch man muss es der Familie Molkentin hoch anrechnen, dass sie sich für Holzstühle und einfache Tische in angenehm dunklen Tönen entschieden hat, statt für Plastikmobiliar, wie andernorts üblich.

Speis und Trank
Im Schweighof sind die typischen Speisen der Berggasthöfe zu finden: Wurstsalat, auch elsässisch (8,50 Euro), Wienerle (5 Euro), Kalbsbratwürste mit Kartoffelsalat (12 Euro), Schniposa (18 Euro) – alles in mehr als ordentlicher Qualität. Kuchen bekommt man ab 3 Euro. Eine Tageskarte gibt es auch, mit weiteren deftigen Gerichten – etwa Rouladen mit Rotkraut und Kartoffelpüree.

Schweighof

Schnitzel mit Aussicht

Auch die Getränkepreise sind moderat: Kaffee kostet 2,50 Euro. Mineralwasser (0,5l) bekommt man für 2,50 Euro, ein Fürstenberg Pils für 4 Euro (0,4l), ein Viertel Gutedel bekommt man für 4,50 Euro.

Ein schönes Ausflugsziel
Es ist ein idealer Platz, um mit Freunden den Schwarzwald von seiner besten Seite zu genießen, zumal der Weg durch das weitgehend unverbaute Möhlintal schon extrem schön ist und St. Ulrich samt Barockkirche am Wegesrand liegen. Zum Schweighof gelangt man sportlich mit Fahrrad oder bequem mit dem Auto. Von Freiburg sind es rund 15 Kilometer. Stadtauswärts geht es über Merzhausen, Au, Biezighofen und Sölden, dann auf das Schild St. Ulrich achten, links abbiegen und auf der Straße bleiben.

Langsam fahren, damit die Beifahrer die tolle Sicht genießen können! Auf ein Holzschild rechts an der Straße achten, das den Schweighof ankündigt.

Schweighof

St. Ulrich 44
79283 Bollschweil-St. Ulrich
07602-249

Mo 16 – 22 Uhr
So 14 – 22 Uhr
Küche bis 21 Uhr

Au Bord du Rhin
Der gut versteckte Schlemmertempel

Die kleine Rheininsel bei Lahr birgt mit dem Schöllengießen eine Miniausgabe des Taubergießen und ist schon deswegen einen Besuch Wert.

Doch das wahre Juwel ist das Restaurant „Au Bord du Rhin", das sich auf dieser Insel aufs Idyllischste versteckt. Ein kleines Schild verrät den richtigen Abzweig von der Straße. Und trotzdem ist hier auf dem Land, der Mittagstisch ausgebucht – mitten in der Woche. Das liegt allein an der Küche, die eine reine Freude ist. Es regiert eine altmodische Opulenz auf der Speisekarte – mit Sauce béarnaise, mit einer Matelote – das ist Fisch, gekocht in Riesling und Sahne – oder mit einer Poire Belle-Hélène zum Nachtisch.

Pommes, von Hand geschält
Alles schmeckt prima, oder überrascht aufs Angenehmste wie ein köstliches, mit Rotwein, Honig, Anis und Zimt gekochtes Zwiebelkompott. Sogar die Pommes sind hausgemacht. „Comme il faut", bestätigt der Chef Jean-Jacques Adam: mit Kartoffeln vom Bauernhof, von Hand geschält, zweimal frittiert. Die Nachfrage ist entsprechend und so werden hier übers Jahr einige Tonnen Kartoffeln verarbeitet.

Auf der dunklen Seite der Speisekarte
Attraktion für die vielen deutschen Gäste sind Gerichte, die es bei uns nicht so häufig gibt, wie die leckere, aber völlig unkorrekte Entenleberpastete (11,90 Euro), oder die diesseits des Rheins verpönten Froschschenkel (16,80 Euro).

11,90 Euro kostet ein Tagesgericht. Zu Preisen wie in den 70er Jahren bekommt man als „Plat du jour" zum Beispiel einen wunderbar zarten Rindfleischsalat, gefolgt von Zunge mit Kartoffeln und einer Sauce gribiche – zum Niederknien.

Unter neuer Regie
„Restaurant traditionnel", heißt es selbstbewusst im Logo des Schlemmerpalastes unter der Küchenleitung von Laura Adam.

Mittags: Zuerst ein zarter Rindfleischsalat…..

…und danach Zunge mit Sauce gribiche

Idyll auf der Rheininsel

Als die beiden Adams das weit bekannte Restaurant vor vier Jahren übernahmen, taten sie das Beste, das Wirte in so einem Fall tun können: Bloß nichts ändern!

Ein paar Schritte sind Pflicht
Nach dem üppigen Essen tun ein paar Schritte gut. Der kleine Naturlehrpfad informiert über die üppige Fauna und Flora. Häufigster Bewohner ist „Aedes vexans", die Rheinschnake. Sie ist ab Juli in Milliardenstärke auf Beutezug, weshalb Au Bord du Rhin auch im Sommer leider nur drinnen serviert.

Unbedingt reservieren!

Au Bord du Rhin

Digue du Rhin
F-67150 Gerstheim
0033-388983612

Mi bis So 12 – 14 Uhr
& 18.30 – 21 Uhr
Mo, Di Ruhetage

Am Felsenkeller
Feine Küche im Berg

Staufen ist ein Ort mit vielerlei Attraktionen, eine davon ist ein Essen im Felsenkeller, wo Joachim Ortlieb mit biologischen Lebensmitteln eine regionale Küche zelebriert. Ein Essen im Gasthaus am Felsenkeller sollte man unbedingt mit einem

Joachim Ortlieb

Spaziergang in Staufen verbinden und daher etwas mehr Zeit einplanen als üblich. Zu sehen wäre die Altstadt mit den netten Geschäften oder die mittlerweile zur Touristenattraktion gewordenen dramatischen Risse in vielen Häusern oder auch die bescheidene historische Brücke aus Gusseisen. Im Sommer kann man sich vor dem Essen Bewegung verordnen, denn das Staufener Freibad liegt ebenfalls in der Albert-Hugard-Straße – unmittelbar hinter dem Felsenkeller.

Das Restaurant mit dem Biergarten davor ist auch drinnen gemütlich eingerichtet, mit alter Wandvertäfelung und weiß gedeckten Tischen.

Den Felsenkeller gibt es wirklich. Er beginnt unmittelbar hinter dem Gastraum. Es ist kein Keller, sondern ein Gewölbe, das in einem Stollen endet. Es ist der Eingang zu einem ehemaligen Erzbergwerk. Hier ist es feucht und konstant zehn Grad kühl, ein idealer Lagerraum für Lebensmittel und Wein. Seit 33 Jahren führt Joachim Ortlieb Gasthaus und Hotel. Es ist sein Elternhaus und er steht selbst am Herd. Die Küche wurde über die vielen Jahre mit großer Konsequenz auf Biologisches und Regionales umgestellt.

Nur regionale Produzenten
Inzwischen kennt er alle Lieferanten persönlich. Ob es die Bratwurst aus „Schmidts Wurstlädele" ist oder das Rindfleisch vom Staufener Bioschäfer Achemmer oder regionales Biogemüse von Michels Kleinsthof aus Tunsel – der Gast darf genießen und muss vergleichsweise wenig dafür zahlen, obwohl der biologische Landbau teurer ist als Konventionelles. Doch Joachim Ortlieb ist zuallererst Koch, und hier dient die Bio-Küche der Geschmacks- und nicht der Weltverbesserung.

Der Felsenkeller – Eingang zum Bergwerk

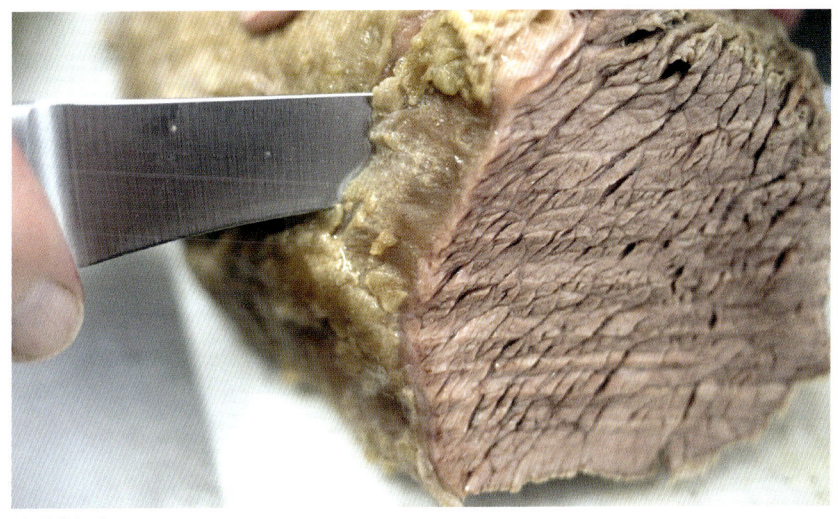

Ein Tafelspitz

Bioküche, die man schmeckt

Ob es nun an seiner Kochkunst oder an der Qualität der Bio-Lebensmittel liegen mag, Vertrautes schmeckt bei Joachim Ortlieb oft einen Tick intensiver als gewohnt. Der wunderbare Tafelspitz zum Beispiel, er ist saftig und kräftig im Geschmack, dabei aber fester vom Fleisch als üblich (22,90 Euro). Eindeutige und klare Gerichte stehen auf der Karte: Blattsalat mit Leinölvinaigrette (6,90 Euro), eine Kräuterbratwurst mit Brägele (16,90 Euro), das Schnitzel mit Kartoffel- und Blattsalat (21,50 Euro). Die Karte wechselt nach Saison. Den köstlichen karamelisierten Apfelpfannkuchen darf man sich nicht entgehen lassen (8 Euro). Mineralwasser kostet 3 Euro (0,5l), ein Viertel Gutedel bekommt man für 5,40 Euro, ein Lenzkircher Landbier für 3,30 Euro

Kinder bis zu drei Jahren essen kostenlos, ältere Kinder für eine bescheidene Pauschale, auch das ist ungewöhnlich.

Am Felsenkeller

Albert-Hugard-Straße 47
79219 Staufen
07633-6285
www.am-felsenkeller.de

Do bis Sa ab 18 – 22 Uhr
Küche bis 20.30 Uhr
So 12 – 14.30 Uhr
Mo, Di, Mi Ruhetage

Inhaltsverzeichnis nach Themen

Cafés und Süßes

3-K-Café	68
Agora Vinothek	22
Bergäcker Café	82
Biosk	88
Café Satz	56
Coffee and More	124
Da Gianni, Caffè	24
Freispiel	48
Goldene Krone, Café	128
Goldener Affe, Café	72
Graf Anton, Café	30
Limette, Eiscafé	76
Maracuja Vitaminbar	40
Mohrentopf	44
Norso	108
Scheinpflug	66
Strass Café	18
Tante Emma	110
Terragusto	36
Tischlein deck dich	34
Tibet Gartencafé	12
Waldcafé Faller	118

Badische Küche & Crossover

Am Felsenkeller	140
Badischer Heldt	120
Bauerntafel auf St. Barbara	80
Café Inklusiv	28
Hirschen, Obereggenen	130
Joris & BioBrutzelBude	52
Krone, Britzingen	116
Krone, Heitersheim	132
Küchenschelle	58
Lichtblick	14
Löwen, Gasthaus zum	46
Mosthof	114
Pausenraum	98
Rössle, Gasthaus zum	126
Schweighof	136
Sichelschmiede	32
Wuspenhof	122
Zähringer Burg	96

Italienische Küche

Amici, Pizzeria	100
Café Ruef	84
San Marino, Pizzeria	90
Rettich Bar	106

Französische Küche

Au Bord du Rhin	138
Auberge du Moulin	134
Bahnhöfle	102

Spanische Küche

La Finca	104

Griechische Küche

Ouzeria	86

Asiatische, orientalische und osteuropäische Küche

Afghan-Eck	38
Anuras Elefant	62
Good Morning Saigon!	26
Restaurant Rose	94
Smak	60

Bars

Café Ruef	84
Dart-Stüble	74
Flamingo	70
Fritz' Galerie	50
Mirabeau	54
Sonderbar	20
Weinschlösschen	16

Drinnen Rauchen

Dart-Stüble	74
Sonderbar	18

Alphabetisches Inhaltsverzeichnis

3-K-Café	68	Lichtblick	14
		Limette, Eiscafé	76
Afghan-Eck	38	Löwen, Gasthaus zum	46
Agora Vinothek	22		
Amici	100	Maracuja Vitaminbar	40
Anuras Elefant	62	Mirabeau	54
Au Bord du Rhin	138	Mohrentopf	44
Auberge du Moulin	134	Mosthof	114
Badischer Heldt	120	Norso	108
Bahnhöfle	102		
Bergäcker Café	82	Ouzeria	86
BioBrutzelBude	52		
Biosk	88	Pausenraum	98
Café Inklusiv	28	Rettich Bar	106
Café Satz	56	Rössle, Gasthaus zum	126
Café Ruef	84	Rose, Restaurant	94
Coffee and More	124		
		San Marino, Pizzeria	90
Da Gianni, Café	24	Scheinpflug	66
Dart-Stüble	74	Schweighof	136
		Sichelschmiede	32
Faller, Waldcafé	122	Smak	60
Flamingo	70	Sonderbar	20
Felsenkeller, Am	140	St. Barbara, Bauerntafel auf	80
Finca, La	104	Strass Café	18
Freispiel	48		
Fritz' Galerie	50	Tante Emma	110
		Terragusto	36
Goldene Krone, Café	128	Tibet Gartencafé	12
Goldener Affe, Café	72	Tischlein deck dich	34
Good Morning Saigon!	26		
Graf Anton, Café	30	Waldcafé Faller	118
		Weinschlösschen	16
Hirschen, Obereggenen	130	Wuspenhof	122
Joris	52	Zähringer Burg	96
Krone, Britzingen	116		
Krone, Heitersheim	132		
Küchenschelle	58		

Nachbemerkung

Ein Teil der Texte basiert auf meinen für die Wochenzeitung „Der Sonntag" geschriebenen Artikeln, ein anderer Teil auf meinen Beiträgen für „Lust auf Regio", wieder andere sind völlig neu verfasst.

Danken möchte ich Bernd Ingold, Daniel Brenner, Cécile Feza Bushidi, Michaela Walliser-Wurster, Frank Anton, Gerd Gauglitz, Maria Schuster, Thomas Stürzel, Volkmar Vogt, Mechthild Blum, Ekkehard Wurster, Stefan Zimmermann, Claudia Dürr, und vielen anderen für wertvolle Tipps, vielfältige Unterstützung und kritische Begleitung bei der Konzeption und Realisierung des Buches.

Ein besonderer Dank geht an Susanne Hartmann und Frank Schleich von media machine für kreativen Input bei der Gestaltung.

www.mediamachine.de

Dank auch an die Bildagentur plainpicture für die freundliche Überlassung meiner Agentur-Fotos.

www.plainpicture.de

Stephan Elsemann, im August 2023

Stephan Elsemann

Der Autor lebt seit 1980 in Freiburg. Stephan Elsemann schreibt und fotografiert für regionale und überregionale Zeitungen und Zeitschriften. Mitglied der Bildagentur Plainpicture. Seine Schwerpunkte sind Alltagskultur und Kulinarisches. Ebenfalls von ihm erschienen: Warenwelt – Entdeckungen in Freiburger Geschäften.